¡Nos vemos! 3

Libro del alumno

Eva Narvajas Colón
Pilar Pérez Cañizares
Bibiana Wiener
Eva María Lloret Ivorra
Rosa Ribas

¡Nos vemos! 3

Libro del alumno

Autoras
Eva Narvajas Colón
Pilar Pérez Cañizares
Bibiana Wiener
Eva María Lloret Ivorra
Rosa Ribas

Coordinación editorial y redacción
Mónica Cociña, Paco Riera, Susanne Schauf, Beate Strauß
Diseño y dirección de arte
Óscar García Ortega, Luis Luján
Maquetación
Asensio S.C.P.
Ilustración
Jani Spennhoff, Barcelona

Fotografías
Cubierta René Mattes/Getty Images; **Unidad 1** pág. 8 Instituto Cervantes, Jorge Cacho Calvo/Photaki; pág. 10 Rob Marmion/Shutterstock; pág. 11 Blend Images/Shutterstock, Florencio Simón Serrano/Archivo Klett; pág. 12 Jamie Farrant/Istockphoto; pág. 13 Venturelli/Getty Images; pág. 15 THEPALMER/Istockphoto; pág. 17 Alicia Clavero/Photaki, Copit/Shutterstock, Juan Valdez; **Unidad 2** pág. 20 Medioimages/Photodisc/Thinkstock, Susanne Schauf/Archivo Klett; pág. 21 Istockphoto/Thinkstock; pág. 22 PavelSvoboda/Shutterstock, Ángel Colina/Banco Bilbao Vizcaya Argentaria, Isaac Koval/Istockphoto; pág. 23 Ángel Colina/Banco Bilbao Vizcaya Argentaria, hotshotsworldwide/Fotolia, Banco Bilbao Vizcaya Argentaria; pág. 29 kelvinjay/iStockphoto, Nick White/Thinkstock, Kristen Johansen/iStockphoto, vuelodigital.com; **Unidad 3** pág. 32 Valueline/Thinkstock, Andrew Lebedev/Shutterstock; pág. 34 Alberto Morales, Istockphoto/Thinkstock; pág. 35 Juan Carlos Tinjaca/Shutterstock, SeanPavonePhoto/Shutterstock; pág. 36 Getty Images/Thinkstock, Istockphoto/Thinkstock, Jupiterimages/Thinkstock, WillSelarep/Istockphoto, Jupiterimages/Thinkstock, Getty Images/Thinkstock, Totalpics/Dreamstime, Istockphoto/Thinkstock, Bernd Juergens/Shutterstock, Medioimages/Photodisc/Shutterstock; pág. 37 Marion Köster/Archivo Klett; pág. 39 Jordi Domenech; pág. 41 Istockphoto/Thinkstock, Mishkacz/Dreamstime; **Unidad 4** pág. 47 Giorgio Fochesato/iStockphoto; **Unidad 5** pág. 48 Grupo Clarín S.A.; pág. 50 LoBoCo/Istockphoto, Santillana Educación, S.L., Random House, Inc., Editorial Everest, RBA Holding Editorial, Mi Elibro S.L., Random House, Inc., Editorial Bainet Media, Random House Mondadori, Ediciones B; pág. 52 Umbriel Editores, Susanne Schauf/Archivo Klett; pág. 54 Olaf Speier/Dreamstime; pág. 57 Josh Resnick/Shutterstock, Jupiterimages/Thinkstock, Istockphoto/Thinkstock, Hemera/Thinkstock, t_kimura/Istockphoto, Nicholas Homrich/Istockphoto; **Unidad 6** págs. 60-61 Gobierno de La Rioja; pág. 62 DrAfter123/Istockphoto, Angel Herrero de Frutos/Istockphoto,Aldo Murillo/Istockphoto, Marcela Barsse/Istockphoto, Oleg Gusakov/Istockphoto, Gerville Hall/Istockphoto, Alex Kalmbach/Istockphoto; pág. 64 karla385/Shutterstock; pág. 66 Simone Van Den Berg/Dreamstime, Ildi/Fotolia; pág. 67 darrenwise/Istockphoto; pág. 69 KABUGUI/Fotolia, Bodegas Vega Sicilia; **Unidad 7** págs. 72-73 Maigi/Dreamstime, Ichtor/Dreamstime, Graça Victoria/Dreamstime, Rafael Laguillo/Dreamstime, Bloomberg/Getty Images, Gustave Doré/Holger Thölking/Wikimedia Commons, Time & Life Pictures/Getty Images, Getty Images; pág. 74 Enrique Gomez/Dreamstime; pág. 75 cinemafestival/Shutterstock; pág. 76 Yuri Arcurs/Photaki, herjua/Shutterstock, Getty Images/Thinkstock, Comstock/Thinkstock, Adresr/Shutterstock; pág. 77 Morten Madsen/Istockphoto; pág. 79 Troels Graugaard/Istockphoto; pág. 81 fotografiche.eu/Fotolia, juan moyano/Istockphoto, iStockphoto/Thinkstock; **Unidad 8** pág. 87 LatinContent/Getty Images; **Unidad 9** pág. 88-89 Vlad Ghiea/Shutterstock, Kuzma/Istockphoto, Daniel Laflor/Istockphoto, Creatas Images/Thinkstock; pág. 90 Gyzele/Istockphoto, christina veit/Istockphoto, volha Manusovich/Istockphoto; pág. 91 IS2/Photaki; pág. 94 Katrina Brown/Shutterstock, Hemera Technologies/Thinkstock, Hemera Technologies/Thinkstock, Goodshot/Thinkstock; pág. 95 sb-borg/Istockphoto; pág. 97 Bibiana Wiener/Archivo Klett, kuleczka/Shutterstock, Tobias Helbig/Istockphoto; **Unidad 10** pág. 100 Blair Howard/Istockphoto, Steve Allen/Getty Images, Antonio Alcobendas/Fotolia; pág. 102 Photos.com/Thinkstock, Picturerick/Fotolia, bcamelier/Fotolia, Dhuss/Istockphoto, Medioimages/Photodisc/Thinkstock; pág. 103 Istockphoto/Thinkstock; pág. 104 Chris Anderson/Shutterstock; pág. 106 Helle Bro Clemmensen/Istockphoto, A-Digit/Istockphoto; pág. 108 Tomasz Pietryszek/Istockphoto; pág. 109 Susanne Schauf/Archivo Klett, Manuel Velasco/Istockphoto, Istockphoto/Thinkstock; **Unidad 11** pág. 112 MIMOHE/Shutterstock; AFP/Getty Images, Susanne Schauf/Archivo Klett; pág. 114 Amigos de la Tierra, Amigos de los mayores, Asociación nacional amigos de los animales, Asociación de padres de familia separados, Ayuda en acción, Movimiento contra la intolerancia; pág. 117 Bibiana Wiener/Archivo Klett; pág 118 Difusión, Juanmonino/Istockphoto, Luigi Consiglio/Istockphoto; pág. 121 Hemera/Thinkstock, iStockphoto/Thinkstock; **Unidad 12** pág. 126 Nicolas Loran/Istockphoto; pág. 127 Istockphoto/Thinkstock, Cover/Getty Images.

Textos
Unidad 8 pág. 87 VARGAS LLOSA, Mario. *La tía Julia y el escribidor*. Madrid: Alfaguara, 2004. ISBN 978-84-204-4353-9.
Unidad 12 pág. 127 BENEDETTI, Mario. *Despistes y franquezas*. Madrid: Algaguara, 1994. ISBN 978-84-204-8072-5.

Audiciones CD
Estudio de grabación Tonstudio Bauer GmbH, Ludwigsburg y Difusión.
Locutores José María Bazán, Mónica Cociña, Miguel Freire, Luis Hergón, Patricia Krempels Uribe, Lucía Palacios, Carmen de las Peñas, Rosa Ribas, Pilar Rolfs, Julia Vigo, Bibiana Wiener.

Agradecimientos
Lourdes Muñiz, Núria Murillo, Denís Pintos.

Reimpresión: julio 2018
ISBN: 978-84-8443-859-5
Depósito legal: B 6829-2012
Impreso en España por Novoprint

Índice

Audios descargables gratuitamente en:
www.difusion.com/nv3_libro

Estructura de ¡Nos vemos!

¡Nos vemos! es un manual para descubrir el mundo de habla hispana y aprender a comunicarse en muchas situaciones de la vida cotidiana. Al final de este nivel el estudiante habrá alcanzado el nivel B1 del Marco Común Europeo de Referencia para las Lenguas.

Cada unidad tiene la siguiente estructura:

Una página doble de **portadilla** presenta los objetivos, activa los conocimientos previos e introduce el tema de la unidad.

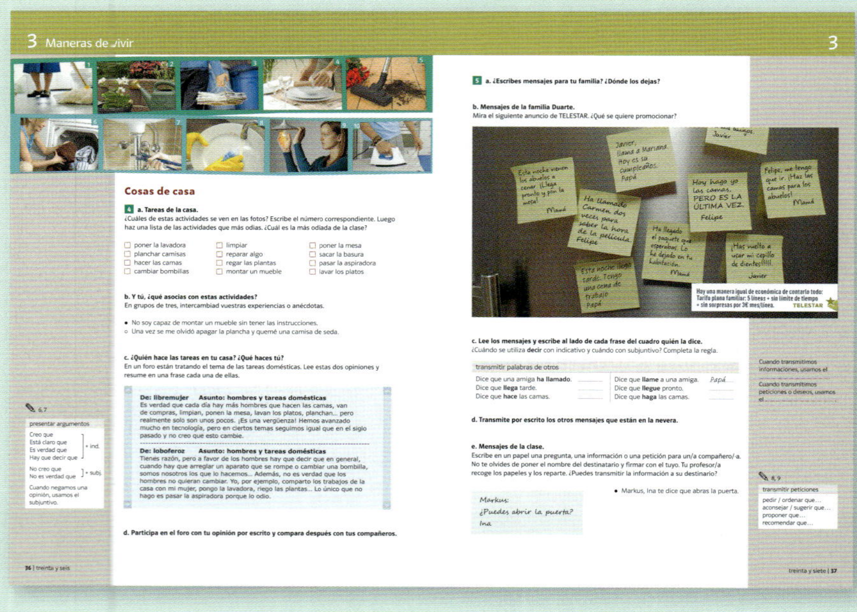

Tres páginas dobles forman el corazón de la unidad. Contienen textos vivos e informativos para familiarizarse con el idioma y actividades para aplicar de inmediato lo aprendido.

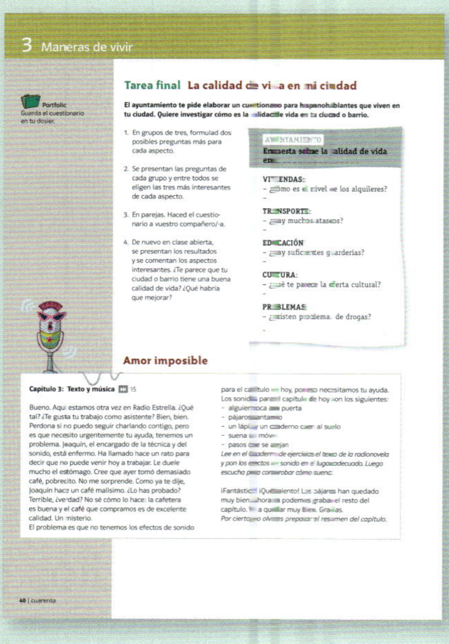

Una **tarea final** servirá para convertir los conocimientos adquiridos en algo práctico para la vida real. Junto con sus compañeros, el estudiante elaborará un "producto" que podrá guardar en el dosier de su portfolio.

Amor imposible

Con este apartado los estudiantes practicarán la comprensión lectora y auditiva, y podrán colaborar como ayudantes en una emisora de radio para elaborar una radionovela.

Con sabor
Al final de cada unidad una página cultural presenta productos originarios de países hispanohablantes.

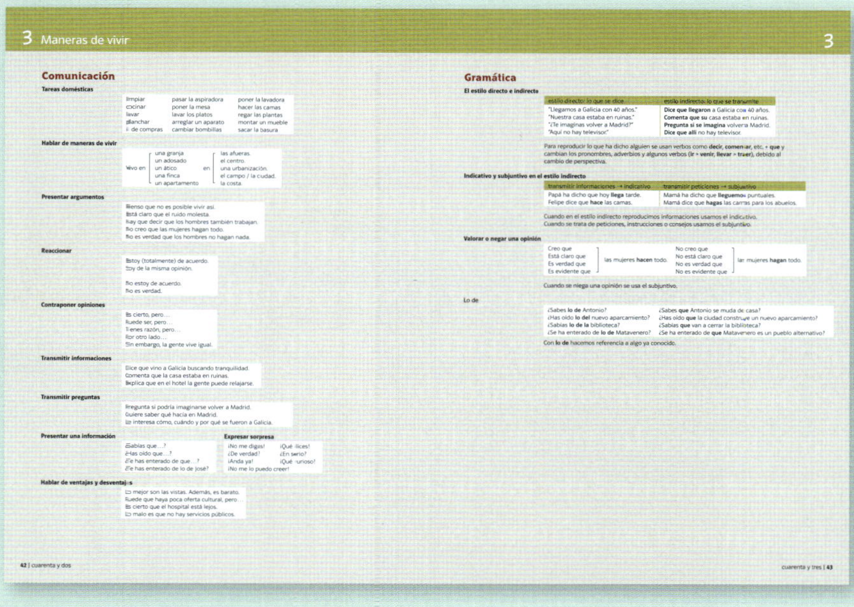

La doble página final es una recopilación de **recursos comunicativos** y **contenidos gramaticales**.

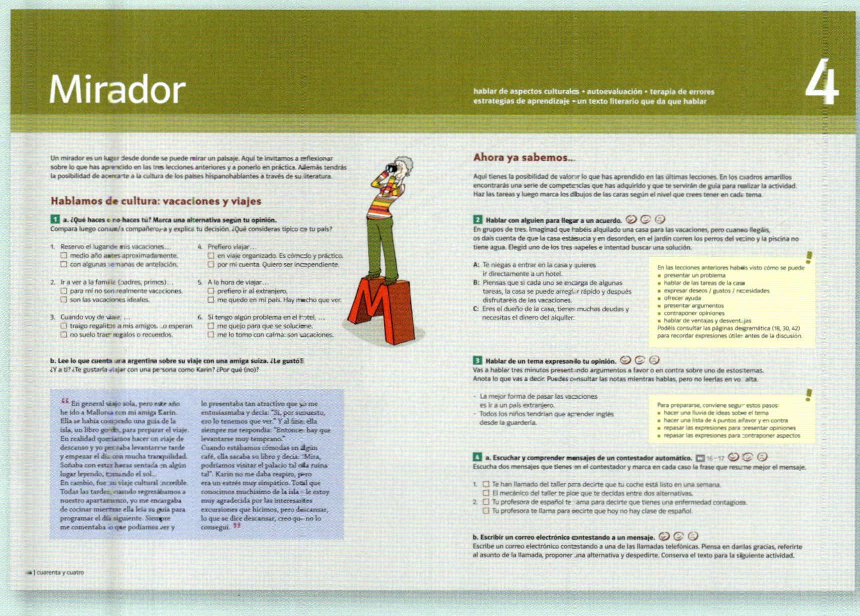

Las unidades 4, 8 y 12 son **unidades de revisión**. Se llaman **Mirador** porque ofrecen una vista global sobre todos los conocimientos lingüísticos y culturales adquiridos. Además, permiten experimentar con las estrategias de aprendizaje y tratar los errores.

Símbolos utilizados en el libro:

- audiciones del libro junto con los números de las pistas del CD
- ejercicio adicional en el Cuaderno de ejercicios
- actividad que implica ir por la clase y preguntar a varios compañeros

Sigo aprendiendo

Por tercera vez se celebra en los 78 centros del Instituto Cervantes en 44 países **el Día E** para festejar con toda la comunidad hispanohablante que el español une ya a 500 millones de personas. De Sidney a Nueva York los amantes del español celebran el día con lanzamiento de globos, conciertos, lecturas, concursos literarios, degustaciones de cocina española, obras de teatro y mucho más.

Más de 30 personalidades famosas de habla hispana apoyan este proyecto y participan en la elección de la palabra favorita del año. Estos son algunos ejemplos.

alegría — Antonio Banderas, actor

libertad — Mario Vargas Llosa, escritor

bailamos — Alicia Alonso, bailarina

solidaridad — Diego Forlán, futbolista

sentimiento — Rosario Flores, cantante

1

hablar de experiencias de aprendizaje • contar recuerdos de la escuela • expresar habilidad y dificultad • hablar de datos biográficos • describir experiencias interculturales

1 Y tú, ¿tienes una palabra favorita en español? ¿Cuál es?

En grupos de tres. Presenta algunas características de tu palabra sin decirla, tus compañeros/-as la tienen que adivinar. Pueden hacer preguntas.

- ● Mi palabra tiene seis letras. Empieza con una vocal.
- ○ ¿Es un sentimiento? / ¿Se puede tocar? / ¿Empieza con "a"? ¿Es una persona?
- ● Sí. / No.

El Instituto Cervantes es una institución española que se dedica a la promoción y la enseñanza del español y a la difusión de la cultura de los países hispanohablantes.

Experiencias de aprendizaje

2 a. ¿Cuáles de estas palabras asocias con tu aprendizaje? ¿Con qué momentos?
¿Las asocias con un recuerdo positivo o negativo?

pizarra | deberes | patio | asignatura | calculadora | pizarra electrónica | gimnasio | laboratorio | excursiones | comedor escolar | exámenes | proyectos | portátil

- En el colegio teníamos comedor escolar. Odiaba la comida, sobre todo la sopa.

b. Recuerdos de la escuela.
Lee las preguntas y anota tus respuestas.

1. ¿A qué tipo de escuela ibas (pública, religiosa…)?
2. ¿Cómo estabais sentados en el aula (en filas, en grupos…)?
3. ¿Te acuerdas de tu primera mochila de la escuela?
4. ¿Cuál era tu asignatura favorita (Historia, Matemáticas…)?
5. ¿Qué hacías en las clases de idiomas?
6. ¿Qué hacías en las pausas?
7. ¿Copiabas los deberes de tus compañeros?
8. ¿Sacabas buenas notas?
9. ¿Estabas nervioso/-a en los exámenes?
10. ¿Tenías un/a profesor/a preferido/-a? ¿Cómo era?

c. En parejas. Con ayuda de tus apuntes, cuenta a tu compañero/-a tus recuerdos de la escuela. Intercambiad experiencias sobre cada aspecto.

hablar de la escuela

tomar apuntes
hacer los deberes
sacar buenas notas
copiar en los exámenes
aprobar un examen
suspender un examen

d. Se cambian las parejas. Cada uno/-a presenta a su nuevo/-a compañero/-a algunas informaciones sobre la persona con la que ha hablado antes.

- Laura iba a una escuela pública de chicas. Estaban sentadas de dos en dos en filas, y cada mes tenían que cambiar de compañera de pupitre. Su asignatura preferida era…

¿Recuerdas?

El imperfecto se usa para hablar de hábitos y rutinas en el pasado.

✎ 1, 2

3 Escribe un pequeño texto sobre cómo eras a los 14 o 15 años. Incluye información sobre los amigos, la ropa, el aspecto físico, las aficiones, la música…
Después, tu profesor/a recoge los textos y los reparte. ¿Puedes identificar a la persona que te ha tocado?

4 a. Dos profesores de español cuentan sus experiencias en el extranjero.
¿Qué piensas que van a decir sobre los alumnos alemanes y chinos? Luego lee los textos de la página siguiente y comprueba.

LETICIA RUIZ
Estudio ELE, Madrid / Pekín

Los estudiantes chinos son muy educados y muy respetuosos con el profesor. El profesor es para ellos alguien que lo sabe todo y les da los deberes. Su actitud hacia el español es muy positiva, pero tienen una imagen de España bastante reducida a playa, sol y toros. Por su tradición de aprender no son muy activos, sobre todo por la posibilidad de "perder la cara" si cometen un error. Por eso prefieren actividades como traducciones o dictados. En clase se sienten más cómodos si pueden repetir y memorizar estructuras gramaticales y vocabulario. Sus mayores dificultades están en la pronunciación, pero también los verbos les resultan difíciles. Muchos de ellos consideran que hablar español les va a ofrecer una oportunidad de encontrar un mejor trabajo, sobre todo ahora que las relaciones comerciales entre China y los países hispanohablantes tienen cada vez más importancia.

F. SIMÓN SERRANO
Escuela Mundo Hispánico, Hamburgo

A nuestra escuela vienen alumnos con diferentes intereses: los que estudian español porque es una de las lenguas más importantes del mundo; los que se interesan por las culturas de los países donde se habla; los que tienen contacto con España o Latinoamérica por motivos familiares o profesionales; y por último, los que estudian español simplemente para ir de vacaciones a algún país hispanohablante. A los alemanes les gusta hablar desde el principio, son muy activos, hacen muchas preguntas y quieren explicaciones gramaticales detalladas. Algunos piensan que aprender una lengua es memorizar listas de verbos y palabras, saber primero las reglas gramaticales y luego aprender a comunicarse. Por suerte esta idea está cambiando y los alumnos entienden cada vez más que una lengua se aprende usándola.

b. Apunta las informaciones principales de los textos sobre estos aspectos.
¿Y tú? ¿Tienes motivos y formas de aprender parecidos? Coméntalo con el grupo.

	chinos	alemanes
motivos		
comportamiento		
forma de aprender		

c. ¿Cómo es un buen profesor? Añade otro aspecto y ordénalos del 1 al 12 según la importancia que tienen para ti. ¿Cuál es el más elegido del grupo?

PARA MÍ UN BUEN PROFESOR DE IDIOMAS ES ALGUIEN QUE...

- ☐ es exigente.
- ☐ tiene buen humor.
- ☐ crea un buen ambiente.
- ☐ es experto en su materia.
- ☐ corrige todos los errores.
- ☐ pone deberes.
- ☐ despierta el interés por la cultura.
- ☐ se entusiasma por su trabajo.
- ☐ explica la gramática en mi idioma.
- ☐ hace las clases divertidas.
- ☐ enseña más a pensar que a memorizar.
- ☐ ....

✎ 3, 4

d. ¿Y un buen alumno? ¿Qué piensas que diría tu profesor/a? Haz una lista.
Tu profesor/a hace su propia lista, luego las comparáis. ¿Hay coincidencias?

5 **a. ¿Con o sin profesor? Hay muchas formas de aprender un idioma.**
Escribe las ventajas y desventajas de estas formas de aprender.

1. hacer un curso intensivo en el país del idioma que se aprende
2. hacer un curso en la universidad pública de tu ciudad
3. trabajar con un libro o programa de autoaprendizaje
4. hacer un intercambio con un nativo
5. tener clases particulares
6. hacer un curso *online* con tutor

b. Poned en común los resultados. ¿Hay una forma favorita del grupo?

6 **a. Escucha a tres personas que están haciendo un curso en el centro cultural Aprender sin fronteras de Toledo. ¿Qué están aprendiendo?** ⏭ 1

b. Escucha otra vez y marca en el cuadro las expresiones que se mencionan.

¿Recuerdas el gerundio?

Aprendo escuchando el CD.
Soy muy bueno dibujando.

hablar de habilidades	hablar de dificultades
Soy bastante bueno dibujando.	Soy un desastre dibujando.
Los idiomas me resultan fáciles.	Me cuesta un poco aprender los pasos.
Puedo entender casi todo.	Me da vergüenza bailar en público.
Soy capaz de dibujar personas.	Me hago un lío con la ortografía.
No tengo problemas con los verbos.	Tengo problemas con la perspectiva.

c. El juego de las habilidades.
Se juega en grupos de 3 o 4 con una ficha y un dado. Si caes en una casilla amarilla, menciona una habilidad, en una verde, una dificultad, y explica algunos detalles. Puedes elegir las actividades de la lista o mencionar otras. En las esquinas tienes que demostrar algo que te resulta fácil. Gana quien vuelva primero a la casilla de salida.

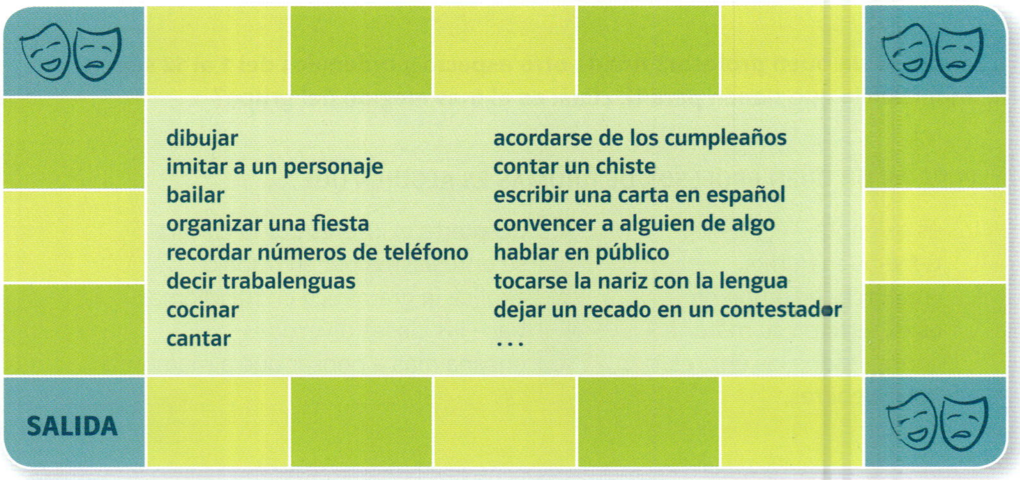

d. ¿Y tú en clase de español?
En cadena, cada uno/-a menciona una habilidad y una dificultad con el español.

✎ 5

Entre dos mundos

7 **a. Mira la foto. ¿Conoces a esta persona? ¿Has visto la película "Good bye, Lenin!"?**

Berlinés de Barcelona – Barcelonés de Berlín

Daniel Brühl es uno de los actores europeos más solicitados. Con la película "Good Bye, Lenin!" se hizo famoso. Desde entonces no ha dejado de realizar proyectos. Lo que muchos no saben: Daniel tiene raíces españolas. El actor alemán nació en España, creció en Alemania y acaba de comprarse un piso en el barrio barcelonés de Gracia.

Daniel, has hecho películas en alemán, español, inglés y francés. ¿No te haces un lío con tantos idiomas?
Hablo español porque soy medio español. Mis padres se conocieron en España. Nací en Barcelona y hablo castellano en casa con mi madre. Para mí siempre ha sido una ventaja crecer con dos culturas y tener dos casas. Es una suerte saber idiomas. Además, mis tíos se casaron con francesas, así que también me tocó aprender francés desde pequeño. Y, siendo alemán, no me cuesta mucho hablar inglés. Domino más o menos cuatro idiomas y eso es una ventaja enorme.

¿Hablas también catalán?
Lo entiendo porque mi madre es catalana, pero me da un poco de vergüenza hablarlo.

Seguro que eras muy bueno en idiomas en la escuela.
Bueno, mejor que en Ciencias. Las Matemáticas me costaban y en Física era un desastre. Estudiar no era lo mío. Yo era más bien el payaso de la clase.

¿Por qué te decidiste por el cine?
La verdad es que empecé a trabajar en la radio a los ocho años por mi tío, que trabajaba allí. También me influyó mi profesor, que me animó a hacer teatro en la escuela. Hace poco he vuelto a ponerme en contacto con él cuando hice una película sobre un profesor. A los 14 años tuve mi primer papel en una serie de televisión y desde entonces no he dejado de trabajar como actor.

¿Sigues teniendo mucho contacto con España?
Desde que nací voy dos o tres veces al año y desde hace unos meses tengo un piso en Barcelona.

¿Hay algo que te llama la atención en comparación con Alemania?
España tiene un encanto especial. La gente no es tan seria. Pero me costó poder apreciarlo. Cuando era pequeño, me gustaba más ir a Francia. Barcelona me parecía demasiado ruidosa y caótica. Hoy me encanta.

¿Cuáles son tus "grandes sueños"?
Pues dos de mis sueños se han hecho realidad. Acabo de abrir mi propio negocio, un bar de tapas en Berlín. Y este año va a salir también un proyecto en el que llevo muchos años trabajando: un libro sobre Barcelona.

b. En parejas. Escribid un resumen del texto incluyendo algunas informaciones falsas. Luego presentad los resúmenes y los compañeros tienen que identificar la información falsa y corregirla.

¿Recuerdas?

Llegué **hace** un año.
Vivo aquí **desde hace** un año.
Vivo aquí **desde** 1998.
Desde que vivo aquí, …
Hace un año **que** vivo aquí.

c. Busca en la entrevista con qué perífrasis se ha formulado esta información.

1. Daniel trabaja en su libro desde hace muchos años. *lleva trabajando*
2. Daniel todavía tiene mucho contacto con España. ……
3. Hace poco se ha puesto de nuevo en contacto con su profesor. ……
4. Hace poco que ha abierto un bar de tapas. ……
5. Desde los 14 años siempre ha trabajado como actor. ……

8 a. El nacimiento del libro sobre Barcelona.
Ordena estas etapas cronológicamente. Hay varias posibilidades.

- ☐ Está escribiendo.
- ☐ Empieza a escribir.
- ☐ Vuelve a escribir.
- ☐ Lleva un año escribiendo.
- ☐ Sigue escribiendo.
- ☐ Acaba de publicar el libro.
- ☐ Deja de escribir.
- ☐ Sigue sin escribir.

b. Observa las frases de arriba. ¿Cómo traduces las expresiones del cuadro?

comienzo, final, repetición	desarrollo, continuidad
empezar a hacer algo	estar haciendo algo
dejar de hacer algo	seguir haciendo algo
volver a hacer algo	seguir sin hacer algo
acabar de hacer algo	llevar tres años haciendo algo

c. ¿Quién encuentra primero a una persona para cada aspecto?

¿Quién de la clase…	nombre
– lleva menos de un año viviendo aquí?	……
– ha dejado de comer carne?	……
– empezó a estudiar español hace más de cinco años?	……
– ha vuelto a ver hace poco a un compañero de escuela?	……
– acaba de hacer un viaje a España?	……
– sigue escribiendo cartas a mano?	……
– sigue sin estar en Facebook?	……

✎ 6-10

9 Cambios en la vida.
Por turnos, cada persona dice una fecha importante de su vida. Los demás intentan adivinar el significado de la fecha con preguntas. Se reacciona solo con **sí** o **no**.

hacer su primer viaje al extranjero | mudarse a otra ciudad | hacer unas prácticas | conseguir un trabajo fijo | enamorarse | casarse | tener un hijo | comprar una casa | terminar los estudios | divorciarse | irse a vivir a otro país | …

- ● 2001.
- ○ ¿Te casaste?
- ● No.
- ○ ¿Tuviste un hijo?

¿Recuerdas?

El indefinido se usa para presentar acontecimientos terminados en un momento del pasado.

El mundo aquí al lado

10 a. Vivir entre dos mundos como Daniel Brühl no es tan especial.
El "gran mundo" está muchas veces a la vuelta de la esquina. Lee la lista y marca las cosas que has hecho tú en el último mes y con qué frecuencia.

- [ ] comprar comida árabe
- [ ] ir a un restaurante chino
- [ ] comer carne argentina
- [ ] ir a una heladería italiana
- [ ] escuchar una canción en inglés
- [ ] ver una película extranjera
- [ ] explicar el camino a un turista
- [ ] ir a clase de español
- [ ] hablar con vecinos extranjeros

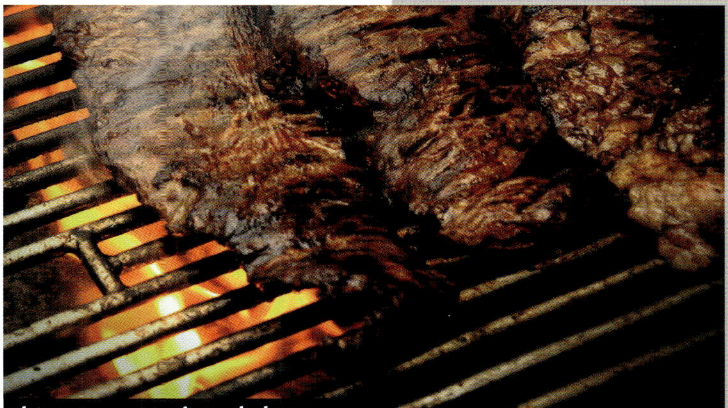
churrasco argentino a la brasa

b. ¿Cuánto "mundo" hay en tu vida?
Compara tu lista con dos compañeros/-as y comentad algunos aspectos.

- Compro la fruta y la verdura en una tienda árabe de mi calle que tiene productos frescos a buen precio. Hay que apoyar los pequeños negocios.
- Pues yo voy a un supermercado porque allí tienen de todo y no hace falta correr de una tienda a otra.

¿Recuerdas?
español, español**a**
ital**iano**, ital**iana**
holand**és**, holand**esa**
turc**o**, turc**a**
panam**eño**, panam**eña**
estadoun**idense**

11

11 a. Escucha a dos personas que hablan de sus experiencias en otro país y toma notas. 2-3

	Pilar	Valeria
motivos para irse		
aspectos biográficos		
qué les llama la atención		

b. Con ayuda de tus notas, comenta las experiencias de Pilar y Valeria.

c. Y tú, ¿conoces a extranjeros en tu ciudad? ¿Qué sabes de ellos?

12 a. ¿Recuerdas lo que dice Valeria sobre los austríacos?
¿Piensas que se puede reconocer fácilmente a un turista de tu país en el extranjero? ¿Puedes poner algún ejemplo?

b. ¿Cuáles son tus experiencias como extranjero/-a en otro país?

Tarea final El perfil del curso

Portfolio
Guarda el texto en la carpeta de tu dosier.

Una amiga tuya quiere participar en tu curso de español y te ha pedido algunas informaciones: ¿Cómo es el curso? ¿Cuáles han sido tus experiencias hasta ahora?

1. En tres grupos. Intercambiad información sobre los siguientes aspectos de vuestro grupo:
   - edad
   - situación personal / laboral
   - motivos para aprender español
   - años de estudio
   - experiencia con otras lenguas
   - estancia en países de lengua española
   - habilidades / dificultades
   - expectativas sobre este curso
   - otros aspectos interesantes
2. Una persona de cada grupo presenta los resultados a la clase. Los otros toman notas.
3. Cada grupo escribe un texto resumiendo las informaciones como en el modelo para mandarlo a la futura compañera de curso.

NUESTRO CURSO DE ESPAÑOL

Somos 12 alumnos entre 24 y 68 años. La mayoría son mujeres y todos llevan más de tres años estudiando español. Muchos ya han aprendido otro idioma y dos han hecho un curso en España. Algunos tienen allí una casa o familia.

La profesora es boliviana y nos gusta aunque no corrige mucho. En clase leemos textos, hacemos ejercicios y a veces juegos. Lo que más nos interesa es hablar, pero también la gramática.

Los deberes nos gustan menos, pero vemos que es necesario repasar lo que aprendemos en clase porque un idioma no se aprende solo.

Amor imposible

Capítulo 1: La nueva asistente ⏭ 4

Hola. Bienvenido/-a a Radio Estrella, una pequeña emisora de radio que podemos describir así: muchas ideas, poco dinero. Por eso, a ti como asistente no podemos pagarte mucho. Bueno, en realidad, no podemos pagarte nada, pero te ofrecemos tareas interesantes y formar parte de un equipo simpático, dinámico y creativo. También pequeño, sí, porque solo somos cuatro. Contigo, cinco.
Yo soy Maite, la directora de la emisora. Esto significa que me ocupo de organizar las tareas y de administrar el poco dinero que tenemos. Los otros son Raúl y Nuria, que escriben los textos, presentan los programas y se pelean mucho, pero son buenos amigos. El cuarto es Joaquín, un auténtico multitalento que se encarga de la técnica, elige la música y hace un café malísimo.

Nuestro nuevo proyecto es una radionovela. Los autores del guion son Raúl y Nuria y precisamente por eso necesitamos tu ayuda. Tenemos que preparar un texto para anunciar la radionovela pero, como siempre, Raúl y Nuria no estaban de acuerdo y ahora yo no sé realmente cómo es la historia.
¿Podrías escuchar el primer capítulo y marcar lo que es correcto? Muchas gracias.

Amor imposible
La historia se desarrolla en *el siglo XIX / la época actual*. La protagonista es *una joven bailarina / una joven escritora* que empieza a trabajar como *asistente / enfermera* de un importante industrial. Este industrial, que tiene *una hija / un hijo*, quiere que ella escriba *la historia de la familia / su testamento*.

Con sabor

A lo largo de este libro haremos un viaje por los sabores del mundo hispano y conoceremos las historias de algunos productos muy populares. Empezamos con uno que asociamos con aroma, compañía, conversación…

El café

Para unos es una necesidad en el desayuno, para otros es imprescindible después de comer, para muchos es la excusa perfecta para hacer una pausa.

- *¿Qué tipo de cafetero eres tú? ¿El primero? ¿El segundo? ¿Los tres?*

El café es, después del petróleo, el segundo producto más comercializado en el mundo. La planta tiene su origen en Etiopía. Según la leyenda, un campesino observó que sus animales estaban mucho más activos después de comer los frutos rojos de cierta planta. El también los probó y notó el mismo efecto. Entonces llevó los frutos a unos monjes. Ellos descubrieron que al tostarlos producen un delicioso aroma y empezaron a hacer una bebida con los frutos tostados. Ahí empieza la historia triunfal del café. Pronto fue una bebida muy popular en el mundo árabe. La planta del café llegó a América en el siglo XVIII y se estableció como una importante planta de cultivo en Brasil y en Colombia, que hoy en día es el tercer productor de café en el mundo. Pero los países que más café producen no son los que más consumen. ¿Sabes dónde se consume más café por habitante? En Finlandia.

la planta del café

un cortado

- *¿En tu país se toma mucho café? ¿En qué ocasiones?*

En Colombia, la Federación Nacional de Cafeteros creó en 1960 un personaje de ficción llamado Juan Valdez para dar una imagen que representa a más de medio millón de productores. Se ha convertido en el icono del café de Colombia.

Café de Colombia®

Actualmente los cultivadores están buscando ofrecer café de calidad y cada vez hay más producción de café biológico. Los consumidores empiezan a valorar factores como el comercio justo, es decir, que los productores reciban un precio adecuado por el café que cultivan.

- *¿Tienes tú una marca favorita de café? ¿Cuáles son tus criterios al comprar café?*

Existen muchas formas de preparar el café, por ejemplo el café de filtro, el café turco o el café instantáneo, y muchas formas de tomarlo: con nata, leche condensada, licor, helado, hielo…

- *¿Te gusta el café? ¿Cómo lo tomas? ¿Solo? ¿Con leche? ¿Con azúcar? ¿Conoces otras formas? ¿Puedes asociar el nombre a la descripción de las especialidades de abajo?*

Pero no hay nada fijo. En los bares de España se pueden pedir muchas más combinaciones. Puedes pedir un café descafeinado, con leche desnatada, puedes pedir un café doble, puedes pedirlo con sacarina en lugar de con azúcar. Pero si alguna vez necesitas pedir un café descafeinado con leche desnatada y sacarina, te aconsejamos que en vez de tomar algo tan triste, tomes un té o un chocolate.

café cortado	con whisky y nata
café con leche	con brandy
café americano	con nata
carajillo	con leche condensada
café vienés	café solo al que se le añade más agua
café irlandés	café y leche a partes iguales, se sirve en una taza
café bombón	café solo con un poco de leche, se sirve en un vaso pequeño

Comunicación

Hablar de la escuela

actividades del profesor
escribir en la pizarra
corregir los errores
explicar la gramática
controlar los deberes
despertar el interés por…

actividades de los alumnos	
sentarse en la primera fila	copiar en los exámenes
cometer errores	dejar copiar a los compañeros
tomar apuntes	aprobar / suspender un examen
hacer los deberes	sacar buenas / malas notas
memorizar el vocabulario	salir al patio

Hablar de habilidades

Soy bastante bueno/-a dibujando.
Los idiomas me resultan fáciles.
Puedo entender casi todo.
Soy capaz de dibujar personas.
No tengo problemas con los verbos.

Hablar de dificultades

Soy un desastre dibujando.
Me cuesta un poco aprender los pasos.
Me da vergüenza bailar en público.
Me hago un lío con la ortografía.
Tengo problemas con la perspectiva.

Hablar de rutinas y eventos en el pasado

Iba a una escuela pública y estaba sentado en la última fila. Me gustaban las lenguas y sacaba buenas notas en Inglés, pero copiaba los deberes de Matemáticas.

A los 24 años fui por primera vez a España. Allí conocí a mi marido en un tren y nos casamos un año después. Cuando nació nuestro tercer hijo, compramos una casa.

Gramática

Desde, hace, desde hace, desde que, hace… que

Llegué **hace** diez años a Madrid.	**hace** + cantidad de tiempo
Vivo aquí **desde** 2003.	**desde** + punto concreto en el pasado
Vivo aquí **desde hace** diez años.	**desde hace** + cantidad de tiempo
Desde que vivo en Madrid, trabajo en un colegio.	**desde que** + verbo
Hace seis años **que** vivo en este piso.	**hace** + cantidad de tiempo + **que**

Perífrasis verbales

infinitivo: comienzo, final, repetición
empezar a hacer algo
dejar de hacer algo
volver a hacer algo
acabar de hacer algo

gerundio: desarrollo, continuidad
estar haciendo algo
llevar un año haciendo algo
seguir haciendo algo
pero: seguir sin hacer algo

Las perífrasis verbales se usan para especificar aspectos de una acción, como el inicio, la duración o el final.

Algunas nacionalidades

-o/-a	-ano/-ana	-eño/-eña
turco	italiano	hondureño
suizo	boliviano	panameño
austríaco	peruano	puertorriqueño
argentino	venezolano	salvadoreño

-és/-esa	-(i)ense
francés	canadiense
holandés	estadounidense
inglés	nicaragüense
japonés	costarricense

El uso de los tiempos del pasado

el pretérito perfecto
Se usa cuando el hablante percibe el suceso pasado en relación al presente, incluyéndolo en el momento del habla (**hasta ahora**, **este año**, **todavía no**…).

el pretérito indefinido
Se usa cuando el hablante percibe el suceso pasado como tal, en el pasado, y considera que el periodo de tiempo en el que ocurrió está cerrado (**ayer**, **el domingo**, **en abril**, **hace un año**…).

el pretérito imperfecto
Se usa cuando el hablante presenta el suceso de forma inacabada dentro de un periodo pasado. Esto sucede cuando describimos hábitos, costumbres o circunstancias.

¡Buen viaje!

Más allá de la playa

Organiza tus vacaciones en Costa Rica con Naturtours, tu agencia de viajes costarricense. Descubre una naturaleza única y vive experiencias nuevas. Elige entre caminatas por el bosque, esquí acuático, buceo y observación de aves.

Diseña tu viaje con nuestro servicio gratuito de reservas de hoteles, coches de alquiler…

Visita nuestra página web:
www.naturtours.cr

Pasee por sus calles y conozca sus monumentos históricos como la catedral o la Lonja.
No se pierda el Museo de las Ciencias con su arquitectura de vanguardia.
Haga una excursión a los campos de naranjos y pruebe las distintas variedades de la fruta típica valenciana.
Pruebe su excelente gastronomía y no se olvide de disfrutar de su ambiente nocturno.
¡Valencia lo tiene todo!

DESCUBRA VALENCIA – más de lo que imagina

2

dar consejos y recomendaciones • expresar deseos y necesidad • ofrecer ayuda • tranquilizar a alguien • quejarse • llegar a un acuerdo • planificar un viaje

¡Haga un viaje inolvidable por el fin del mundo!

Gran crucero por Chile, Argentina y Uruguay

Deje atrás el ruido de la ciudad y descubra lugares maravillosos a través de esta ruta por la Patagonia. Disfrute de todo lo que ofrece nuestro fabuloso barco: camarotes de lujo, gimnasio, restaurante, bar, peluquería, discoteca, tiendas, espectáculos, piscina… Y mucho más. ¡Reserve ya!

www.hornoscruceros.com

1 **a. ¿Qué viaje te interesa más? ¿Por qué?**
Lee los anuncios y coméntalos con tus compañeros/-as. ¿Qué ventajas y desventajas piensas que tiene cada uno de los viajes?

b. Ya conoces muchas palabras relacionadas con los viajes.
¿Quién recuerda más palabras en tres minutos?

alojamientos	transportes
hotel	*barco*

lugares	actividades
monumento	*visitar museos*

2 ¡Buen viaje!

rutera en una pausa

a través de la selva

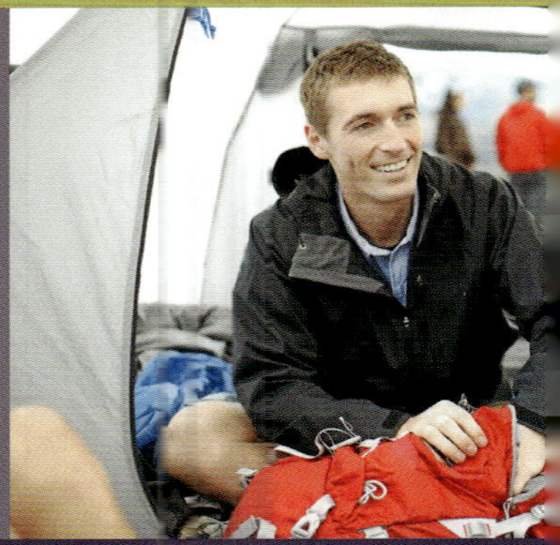
preparando una excursión

INFO: La Ruta Quetzal

La Ruta Quetzal es un programa para jóvenes en el que se mezclan cultura y aventura. En una expedición de seis semanas, los participantes tienen la oportunidad de descubrir aspectos humanos, geográficos e históricos de otras culturas y de desarrollar un espíritu de cooperación internacional.

Participan cada año unos 350 jóvenes de más de 50 países. El viaje tiene dos etapas: una latinoamericana y otra española, en la que los ruteros estudian la historia y cultura común de ambas regiones. Los participantes duermen en tiendas de campaña y conviven, a veces en condiciones difíciles, en un ambiente de respeto y colaboración.

A lo largo del viaje se ofrecen talleres sobre nuevas tecnologías, periodismo o artesanía. La expedición ofrece a los jóvenes entrar en contacto con proyectos de cooperación al desarrollo y les obliga a reflexionar sobre la historia y los problemas de nuestro tiempo.

Para participar en la ruta, los jóvenes tienen que tener un buen nivel de español, tener 16 o 17 años durante el año de la expedición y presentarse a un concurso de dos pruebas: tienen que realizar un trabajo escrito, plástico o musical relacionado con el tema del viaje y después hacer una entrevista.

2 **a. Lee el texto sobre la Ruta Quetzal. ¿Cuál es el objetivo de este viaje? ¿Quién participa? ¿Por qué? ¿Te parece una buena iniciativa?**

b. ¿Qué te parece importante llevar en un viaje así?
Marca tus opciones y coméntalas con el grupo.

- ☐ jabón, cepillo de dientes
- ☐ pastillas para la diarrea
- ☐ un enchufe adaptable
- ☐ sandalias
- ☐ ropa de algodón
- ☐ pantalones cortos
- ☐ botas nuevas
- ☐ protector solar
- ☐ paraguas
- ☐ bolsas de plástico
- ☐ comida
- ☐ tarjeta de crédito

- Me parece importante llevar ropa de algodón, pero no es necesario llevar paraguas.

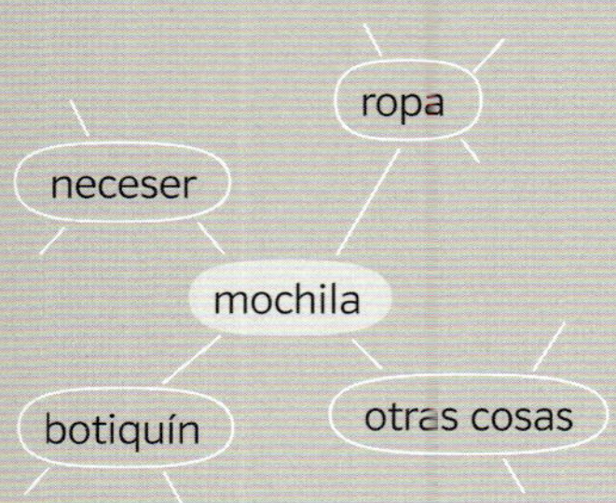

3 **a. Lee los consejos de la página siguiente y compara con tu elección.**
¿Qué consejos se refieren a la ropa, salud, alimentación o al comportamiento?

b. ¿Qué se recomienda llevar según el texto? Completa el mapa asociativo en tu cuaderno. Puedes añadir otras palabras.

foto del grupo

el quetzal

un trabajo premiado

Consejos para el rutero

* Es importante preparar una mochila ligera, pero no te olvides de llevar un neceser con jabón, un peine, un protector solar, un cepillo y pasta de dientes, además de una toalla y un enchufe adaptable.
* Es recomendable tener un botiquín con tiritas, yodo y pastillas para la diarrea.
* En la selva es muy útil llevar bolsas de plástico en lugar de paraguas. A veces hay lluvias tropicales y entonces lo mejor es quitarse la ropa y guardarla en una bolsa.
* Usa ropa de algodón y pantalones largos para evitar picaduras de mosquitos.
* No uses botas nuevas. Es muy importante utilizarlas antes del viaje para evitar las ampollas.
* Durante el viaje, no bebas agua sin embotellar. Es aconsejable tener pastillas para potabilizar el agua y evitar infecciones.
* Respeta a otros pueblos, culturas y religiones y aprovecha la oportunidad de participar en celebraciones y actividades culturales nuevas para ti.
* No lleves mucho dinero. Si quieres regalos para tu familia, llévate recuerdos del viaje como una piedra, una concha, una hoja seca…

Probablemente es la primera vez que estás lejos de tu familia. Considera esta aventura como una experiencia que te marcará a lo largo de tu vida. Volverás más maduro y con 350 nuevos amigos de 50 países.

Adaptado de Miguel de la Quadra, www.elmundo.es

c. ¿Cuáles de estos consejos tienes tú en cuenta cuando haces un viaje?
¿Hay algo que haces o llevas siempre? Escribe una lista y compárala con tus compañeros/-as.

d. En el texto aparecen diferentes formas para dar consejos.
¿Puedes completar la tabla y añadir otros ejemplos?

dar consejos		
Es recomendable… Es muy útil… Lo mejor es… …………………………	+ infinitivo	Usa siempre ropa de algodón. ………………………… a otras culturas. No uses botas nuevas. No ………………………… mucho dinero.

¿Recuerdas el imperativo?

tú	**usted**
tom**a**	tom**e**
beb**e**	beb**a**
no tom**es**	no tom**e**
no beb**as**	no beb**a**

✎ 1–6

4 Una visita. Imagina que un amigo viene de visita.
Se forman cuatro grupos. Cada grupo menciona tres consejos para uno de estos viajes. Los otros adivinan de qué viaje se trata.

- una semana en los Alpes en invierno
- un fin de semana en Madrid en primavera
- un mes en Mallorca en verano
- unos días en el campo en otoño

Es importante que...

5 a. Teresa quiere hacer la Ruta Quetzal.
Antes de escuchar la conversación entre Teresa y su madre, lee las siguientes frases. ¿Quién crees que las dice, la madre o la hija?

No me gusta que estés tanto tiempo fuera de casa.
Espero que me llames todos los días.
No tengo ganas de que me controléis todo el tiempo.
Te pido que nos escribas una vez a la semana.
No me apetece dormir en una habitación con mucha gente.
Prefiero que duermas con otras chicas.
No quiero que duermas sola.
Necesito que me compres algunas cosas para el viaje.
Quiero que disfrutes mucho de esta experiencia.

¿Recuerdas el imperativo negativo?

verbos en **-ar** → ....
verbos en **-er** / **-ir** → ....
El subjuntivo tiene las mismas terminaciones.

b. Escucha ahora el diálogo y comprueba tus respuestas. ⏭ 5

c. En las frases aparece una nueva forma verbal: el presente de subjuntivo.
Subraya todos los verbos en subjuntivo. ¿Cómo se forma? ¿Cuál es el infinitivo?

d. Completa el cuadro con las formas del subjuntivo y las expresiones con las que se usa.

	-ar	-er / -ir	estar	ser	ir
(No) Me gusta que	llam**e**	escrib**a**	est**é**	sea	vaya
Espero que	....	....	....	seas	vayas
Prefiero que	llam**e**	escrib**a**	est**é**	sea	vaya
....	llam**emos**	escrib**amos**	est**emos**	seamos	vayamos
....	llam**éis**	escrib**áis**	est**éis**	seáis	vayáis
....	llam**en**	escrib**an**	est**én**	sean	vayan

El subjuntivo se forma a partir de la primera persona:
hago → haga, hagas, ...
tengo → tenga, tengas, ...
conozco → conozca, ...

Se usa en frases con **que** después de verbos que expresan sentimientos, deseos y consejos.

6 a. En parejas. Elige tres actividades y escribe peticiones como en el modelo.
Luego pide a tu compañero/-a que las haga. Después, al revés.

cerrar los ojos | levantar el brazo | abrir el libro en la pág. 100 | prestarme un bolígrafo | abrir el bolso | poner las manos en la mesa | escribir una palabra

- Quiero que cierres los ojos.

b. Haz una encuesta en la clase. ¿Quién de tus compañeros/-as quiere...

- que la clase empiece más tarde?
- que tu profesor/a ponga más deberes?
- que haya una pausa más larga?
- que se lea algún libro en clase?
- que se haga un examen al final del curso?
- que todos vayáis a cenar juntos?

✎ 7, 8

¿Viajero cómodo o aventurero?

1. Cuando preparo un viaje, ...
   [ ] me gusta organizar todos los detalles.
   [ ] prefiero que la agencia de viajes lo organice todo.
   [ ] ....
2. A la hora de elegir el destino, ...
   [ ] quiero siempre vivir experiencias nuevas.
   [ ] es importante que en el país se hable mi lengua.
   [ ] ....
3. Cuando viajo al extranjero, ...
   [ ] tengo miedo de ponerme enfermo/-a.
   [ ] lo mejor es dejarse sorprender.
   [ ] ....
4. A un amigo que quiere hacer un viaje a un lugar exótico...
   [ ] le deseo que lo disfrute.
   [ ] le recomiendo que se haga un seguro de viaje.
   [ ] ....
5. Mucha gente solo viaja por su propio país. ¿Qué te parece?
   [ ] Es lógico que la gente prefiera lo conocido.
   [ ] Puede ser interesante, pero es mejor abrir nuevos horizontes.
   [ ] ....

7 **a. Marca tu opción en el cuestionario o añade tu respuesta personal.**
Luego, compara y comenta los resultados con dos compañeros/-as.

b. Busca estas expresiones en el cuestionario y escribe la segunda parte de la frase.

Me gusta *organizar todos los detalles.* ....
Prefiero ....
Es importante ....
Tengo miedo de ....
Es lógico ....
Es mejor ....

c. ¿Cuándo se usa el infinitivo y cuándo el subjuntivo?
Observa las frases anteriores y completa el cuadro y la regla.

infinitivo	subjuntivo
Prefiero **organizar** yo todos los detalles. Es mejor .... nuevos horizontes.	Prefiero **que** la agencia lo **organice** todo. Es importante **que** se .... mi lengua.

Cuando el sujeto de las dos partes de la frase es igual se usa .... Cuando los sujetos son diferentes se usa .... en la segunda parte de la frase.

(Yo) Quiero **ir** a Perú.
(Yo) Quiero **que** (tú) **vayas** a Perú.

✎ 9, 10

8 **En parejas. ¿Cómo te gusta viajar? Completa las frases con tus ideas.**
Luego, coméntalas con tu compañero/-a. Podéis viajar juntos?

Me gusta que mis compañeros de viaje...
No me gusta que el alojamiento...
Prefiero que la gente que me acompaña...
Normalmente no tengo ganas de viajar en...
A veces no me apetece comer...
Prefiero que el lugar...

Problemas y soluciones

9 En un viaje pueden aparecer problemas.
¿Has tenido alguno de los siguientes problemas alguna vez? ¿U otros problemas? Cuéntaselo a tus compañeros/-as.

tener una insolación | tener diarrea | marearse | tener ampollas en los pies | tener una infección | perder las llaves del hotel | tener una avería de coche | . . .

10 a. ¡Vaya vacaciones! ⏭ 6–8
Escucha tres diálogos con personas que están de vacaciones y tienen un problema. ¿A qué situación corresponde cada dibujo?

☐

☐

☐

b. ¿Qué ha ocurrido? Marca las frases que resumen lo que ha pasado.

- ☐ Se ha caído y le duele una pierna.
- ☐ Se han cancelado los vuelos.
- ☐ Su maleta no ha llegado.
- ☐ Ha aparcado mal y la grúa se ha llevado su coche.
- ☐ Ha tenido una avería de coche.
- ☐ Le han robado el bolso.
- ☐ Le ha picado una medusa
- ☐ El cajero automático no funciona y el banco está cerrado.

c. En parejas. ¿Qué les dirías?
Elige tres de los problemas que aparecen en 10 b. Tu compañero/-a te ofrece las siguientes posibilidades y tú reaccionas. Luego al revés.

- llamar a la policía
- quedarse en su casa a pasar la noche
- llamar al servicio de asistencia en carretera
- llevarte al hospital más próximo
- prestarte algo de dinero
- pedir ayuda a la Cruz Roja
- prestarte su coche
- ayudarte a bajar la maleta

● Me he caído y me duele mucho la pierna.
○ No te preocupes. ¿Quieres que te lleve al hospital?
● Creo que no es necesario.

ofrecer ayuda	tranquilizar
¿Te / Le puedo ayudar en algo? ¿Quiere que llame a la policía? ¿Quieres que te llevemos al hospital?	No te preocupes. / No se preocupe. Ya verá/s que… Tranquilo/-a, …

reaccionar
Gracias, muy amable. Gracias. No hace falta. Creo que no es necesario.

11 **a. Reclamar y protestar.**
Lee estos diálogos de personas que tienen un problema. ¿Qué crees que pasa en cada caso? ¿Quiénes son las personas que hablan? ¿Dónde están?

1. ● ¡No es justo que tengamos que esperar tres horas más!
   ○ Lo entiendo, señora, pero en este momento no podemos hacer nada.
2. ● No me parece normal que no aparezca, ya han llegado todas.
   ○ Tranquila, ya verás, seguro que llegará.
   ● Espero que no esté en otro aeropuerto.
3. ● ¡No puede ser que tú no los tengas! Te los di después de facturar.
   ○ No te preocupes, a lo mejor están en el bolsillo del abrigo.
4. ● Es increíble que tengamos que dormir en esta habitación. No es la que reservamos.
   ○ Lo siento mucho, pero en este momento el hotel está lleno.

b. Busca las expresiones para quejarse y completa la tabla.

quejarse	reaccionar / relativizar	proponer solución
No es justo que...	Lo / La entiendo, pero...	Si quiere, podemos...
....	Lo siento mucho.	Si lo desea, puede usted...
....	Tiene razón.	¿Qué te / le parece si...?
....	Voy a ver si...	Le puedo ofrecer...

Para presentar un problema podemos decir:
Mire, tengo un problema...
Creo que se ha equivocado.

c. Escucha el blues del viajero. ¿Con qué problemas se encuentra? ⏭ 9

d. En parejas. Cada uno/-a elige un problema y se queja ante la persona responsable (= su compañero/-a). Seguid el guion de la derecha.

- Hace 35° grados en tu habitación y el aire acondicionado no funciona.
- Ya es muy tarde y tus vecinos hacen mucho ruido.
- Has alquilado una bicicleta y después de pocos metros ves que tienes una rueda pinchada.
- El servicio de limpieza de tu hotel ha tirado por tercera vez papeles importantes a la basura.

GUION:

A Presenta un problema.
B Reacciona.
A Insiste, se queja.
B Propone alternativa.
A Acepta o no y lo justifica.

12 **Carta de un viajero frustrado.**
Estás haciendo un viaje organizado de una semana. Escribe una carta a la agencia para quejarte de uno o varios de estos problemas.

Hay más de 40 personas en el grupo.
El autobús está sucio.
El guía no habla tu idioma.
Los monumentos están cerrados a la hora de la visita.
Los hoteles no son de la categoría prometida.
Las comidas no están incluidas.

✎ 11–12

Tarea final Un viaje inolvidable

Portfolio
Guarda el anuncio en tu dosier.

Trabajas en una agencia de viajes española y tienes que preparar un anuncio informativo para una oferta de vacaciones en tu país.

1. Decide qué tipo de viaje te gustaría ofrecer:
   - un viaje activo (naturaleza, deporte…)
   - un viaje cultural a una ciudad
   - un viaje de placer o de descanso
2. Os juntáis las personas que habéis elegido el mismo tipo de viaje y lo planificáis con ayuda de la ficha.
3. Después elaboráis un anuncio publicitario, inspirándoos en el de la primera página.
4. Cada grupo presenta su anuncio. Todos se interesan por los viajes de los demás y hacen preguntas al grupo experto, que contesta con ayuda de su ficha y da consejos. ¿Qué viajes quiere hacer la gente de la clase?

Un viaje inolvidable

Venga con nosotros a...

Propuesta de foto:

Fecha / Duración:
Precio:
Transporte:
Alojamiento:
Actividades:
Guía:
Consejos prácticos:

Amor imposible

Capítulo 2: Un encuentro 10

¿Qué tal tu primer día de trabajo en Radio Estrella? ¿Te ha gustado? ¿Qué te han parecido los compañeros? Son simpáticos, ¿verdad?
Muchas gracias por arreglar el resumen de la radionovela. Buen trabajo. A partir de ahora una de tus tareas fijas es escribir un resumen de cada capítulo.
Vas a tener tareas muy variadas, como Amalia, la protagonista de la radionovela. Para empezar, puedes ordenar un poco los despachos y después también puedes archivar estos papeles y… ¿Te puedo hacer una pregunta?
Mira, yo soy una persona con poca imaginación y estoy un poco preocupada por nuestro proyecto "Amor imposible", porque no sé cómo va a seguir la historia. Raúl y Nuria no me lo dicen porque piensan que es mejor sorprender al público y también a mí.
Pero yo tengo que convencer a las empresas y negocios de la ciudad que quieren poner publicidad en nuestra emisora. Para eso necesito estar segura de que es buena y, sobre todo, interesante.
Por eso te quería pedir si, por favor, puedes escuchar el episodio de hoy, titulado "Un encuentro", y me puedes explicar qué piensas que va a pasar. ¿Por qué al final Marta habla de problemas? ¿Qué problemas pueden ser? No sé. Ya te he dicho que yo soy una persona de poca imaginación.
¿Tienes alguna idea?
Y no olvides el resumen del capítulo, por favor.

ranjo

cosecha de naranjas

Con sabor

La naranja

Si tienes amigos españoles y quieres ver cómo les cambia la expresión de la cara, di solo una palabra: "Naranjito". La mitad de ellos dirá "¡Qué horror!", la otra mitad quizás confesará que les gustaba. Y es que Naranjito, una naranja con el uniforme del equipo español, fue la mascota oficial del Campeonato Mundial de Fútbol que tuvo lugar en España en 1982. ¿Por qué mencionamos esto? Porque muestra la importancia de esta fruta en la dieta española, hasta llegar a introducirse en la lengua con un sentido muy especial: ¿Sabes por ejemplo con quién se va a encontrar una persona que dice "Estoy esperando a mi media naranja"? A su pareja.

- *¿Qué frutas te gustan? ¿Cuáles son típicas de tu región?*

La naranja es una fruta originaria de Asia, concretamente de la India, Pakistán, Vietnam y China. Los árabes la extendieron por otros países y la llevaron a España, donde se cultiva sobre todo en Andalucía y Valencia. También en algunos países latinoamericanos se encuentran importantes cultivos, por ejemplo en México, que es el tercer productor mundial, y en Argentina, Costa Rica, Cuba y Uruguay.

- *¿De qué países vienen las naranjas que se encuentran en los supermercados de tu país? Cuando compras fruta o verdura, ¿te fijas en el lugar de dónde viene?*

La naranja, como todos los cítricos, es muy rica en vitamina C y se consume sobre todo como fruta o en forma de zumo. Pero es también el ingrediente de muchas recetas de cocina, como el famoso pato a la naranja o el cóctel típico de la región valenciana: el agua de Valencia, una mezcla de cava y zumo de naranja.

- *¿Conoces otros cítricos? ¿Y recetas con naranjas?*

El naranjo, el árbol de las naranjas, que tiene hojas verdes durante todo el año, nos ofrece otro regalo: las flores de azahar de un aroma exquisito. Su nombre viene del árabe y significa

flor de azahar

"flor blanca". Tiene propiedades medicinales y se toma para problemas de estómago o para dolores de cabeza. Además, se usa mucho en perfumería. ¿Quieres hacer un perfume en casa? Aquí tienes una receta: Mezcla 100 gramos de flores de azahar secas con medio litro de alcohol de 45 grados. Deja reposar durante tres días. Después, el perfume ya está listo.

- *¿A quién le regalarías este perfume? ¿Lo usarías tú?*

¿Sabes cómo se puede saber cuántos gajos tiene una naranja sin pelarla? Tienes que quitar el pequeño botón verde que unía la naranja al árbol. Verás unos pequeños agujeros. Cuéntalos. Es el número de gajos de la fruta.

Comunicación

Dar consejos y recomendaciones

Es importante preparar una mochila ligera.
Es recomendable tener un botiquín.
Es muy útil llevar un cuaderno.
Lo mejor es llevar ropa de algodón.

Usa siempre pantalones largos.
Respeta a otras culturas.
No uses botas nuevas.
No bebas agua sin embotellar.

Te recomiendo…
No te pierdas…
No dejes de ver…
No te olvides de…

Expresar deseos

Quiero participar en el viaje.
Tengo ganas de ir a Chile.
Te deseo que te diviertas mucho.
Espero que disfrutes del viaje.

Expresar necesidad

Necesito ropa de algodón.
Necesitamos llevar un botiquín.
Necesito que me compres una mochila.
Es necesario llevar un protector solar.

Expresar gustos

Me gusta conocer a gente nueva.
Me gusta que sean de muchos países.
Prefiero ir con amigos.
Prefiero que no duermas solo/-a.

Tranquilizar

No te preocupes.
No se preocupe.
Ya verá/s que…
Tranquilo/-a.

Ofrecer ayuda

¿Qué te / le pasa?
¿Te / Le puedo ayudar en algo?
¿Quiere que llame a la policía?
¿Quieres que te llevemos al hospital?

Quejarse

No es justo que…
No puede ser que…
Es increíble que…
No me parece normal que…

Reaccionar

Lo entiendo, pero…
Lo siento mucho.
Tiene razón. Voy a ver si…
Si lo desea, podemos…

Gramática

El presente de subjuntivo

	-ar	-er	-ir
yo	llev**e**	le**a**	escrib**a**
tú	llev**es**	le**as**	escrib**as**
él / ella / usted	llev**e**	le**a**	escrib**a**
nosotros/-as	llev**emos**	le**amos**	escrib**amos**
vosotros/-as	llev**éis**	le**áis**	escrib**áis**
ellos / ellas / ustedes	llev**en**	le**an**	escrib**an**

	e → ie	o → ue	e → i
yo	**pie**nse	**pue**da	p**i**da
tú	**pie**nses	**pue**das	p**i**das
él / ella / usted	**pie**nse	**pue**da	p**i**da
nosotros/-as	pensemos	podamos	p**i**damos
vosotros/-as	penséis	podáis	p**i**dáis
ellos / ellas / ustedes	**pie**nsen	**pue**dan	p**i**dan

Verbos irregulares

	ir	ser	estar	dar
yo	vaya	sea	esté	dé
tú	vayas	seas	estés	des
él / ella / usted	vaya	sea	esté	dé
nosotros/-as	vayamos	seamos	estemos	demos
vosotros/-as	vayáis	seáis	estéis	deis
ellos / ellas / ustedes	vayan	sean	estén	den

La mayoría de las formas del subjuntivo derivan de la 1ª persona de singular:
hacer → haga, hagas, …
poner → ponga, pongas, …
tener → tenga, tengas, …
venir → venga, vengas, …
conocer → conozca, conozcas, …
hay → haya

Mientras que el indicativo (el modo de la realidad) describe un hecho real, el subjuntivo (el modo de la posibilidad) expresa la postura que adopta el hablante. Casi siempre se presenta en frases introducidas por verbos que expresan valoración (gustar, molestar, preferir), influencia (recomendar, aconsejar, pedir) o tras expresiones impersonales (es mejor, es importante, es necesario).

El subjuntivo puede aparecer también en frases que expresan deseos, en combinación con **que** y **ojalá**.
¡Que aproveche!, ¡Que se mejore!, ¡Ojalá tenga un buen viaje!

El uso del infinitivo o subjuntivo

infinitivo	subjuntivo
Quiero **hacer** la Ruta Quetzal.	Prefiero **que** no **hagas** este viaje.
Prefiero **dormir** sola.	Prefiero **que duermas** con otras chicas.
Prefiero **organizar** yo todo.	Quiero **que la agencia organice** todo.
Es mejor **abrir** nuevos horizontes.	Es importante **que la gente hable** mi lengua.

Cuando el sujeto de las dos partes de la frase es el mismo o con expresiones impersonales se usa el infinitivo.
Cuando el segundo verbo de la oración tiene otro sujeto se usa **que** + subjuntivo.

Maneras de vivir

¿Dónde le gustaría vivir?

Aunque muchos sueñan con vivir en una casa al lado de la playa con una gran piscina o en un piso en el centro de una ciudad interesante con mucho espacio y mucha luz, no todo el mundo respondería de la misma manera. Hay personas que prefieren vivir en lugares especiales, diferentes. En este número de CASA Y ESTILO presentamos algunas de ellas.

78

hablar de estilos de vida • transmitir las palabras de otras personas • presentar argumentos y reaccionar • contraponer opiniones • hablar de la calidad de vida • presentar una información sorprendente

3

1 **a. Mi casa es tu casa.**
Mira las páginas de la revista. ¿Cómo te imaginas a la gente que vive en las casas de las fotos (edad, profesión…)?
¿Cómo es la casa de tus sueños?

b. ¿Recuerdas cómo vivías tú de niño/-a?
Toma notas de algunos de estos aspectos y luego presenta tus recuerdos a la clase.

con quién vivías	dónde estaba la casa

cómo era tu habitación	lo que más te gustaba

"Yo era periodista en Madrid", recuerda Alberto. "Con 40 años y dos niños nos cansamos de la vida en la ciudad. Llegamos a Galicia y encontramos esta granja en ruinas en plena naturaleza. Puede que en el campo no haya tanta oferta cultural, pero vivimos tranquilos, sin las prisas de la ciudad. Por eso hemos transformado la casa en un hotel para gente que necesita desconectar." Alberto, 46 años, periodista

"Es cierto que el hospital más cercano está a 30 km, pero subiendo y bajando escaleras te mantienes en forma, ¿no? Piensas que estás en una isla: nada de ruidos, nada de vecinos, nada de presión. Solo ves el mar y la costa sin casas", dice Ricardo, que vive en un faro en Cantabria. Ricardo, 38 años, comerciante

A mi manera

2 a. Lee los comentarios sobre diferentes maneras de vivir. Una de las personas es el propietario de la granja de la página anterior. ¿Quién es?
Y a ti, ¿en cuál de esos lugares te gustaría vivir? ¿Por qué?

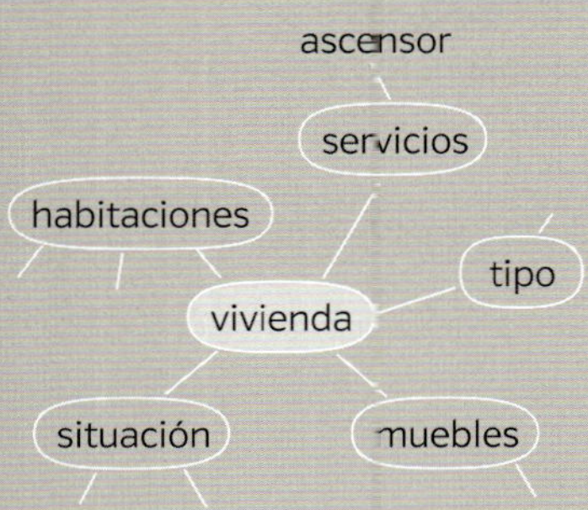

b. ¿Recuerdas el vocabulario de la casa? Completa el mapa asociativo en tu cuaderno.

c. Busca en el texto qué ventajas y desventajas tiene cada manera de vivir.
Luego compara con un/a compañero/-a.

	ventajas	desventajas
granja		
faro		
ático		
adosado		

d. En parejas. Cada uno/-a hace dos dibujos de los aspectos con los que está satisfecho/-a o no de su vivienda. Tu compañero/-a te hace preguntas.

- ¿Tienes jardín?
- Sí, me encanta trabajar en él cuando vuelvo del trabajo.

contraponer opiniones
Sí / Es cierto, pero…   Puede ser, pero…   Sin embargo…   Por otro lado…

e. ¿Campo o ciudad? ¿Dónde se vive mejor?
En dos grupos. Un grupo toma el tema "campo" y el otro "ciudad" y prepara una lista de las ventajas de su tema y de las desventajas del otro. Luego, los grupos intercambian argumentos a favor y en contra. Todos los miembros del grupo tienen que participar.

3 a. Escucha una entrevista al propietario de la granja en Pontedeume (Galicia) y toma notas sobre los siguientes aspectos. ⏭ 11

Madrid | los motivos del cambio | las ventajas | los clientes del hotel

✎ 1-3

"Es un ático en un 10° piso, pequeño, y el ascensor está siempre estropeado, pero tengo unas vistas fantásticas. En dos minutos estoy en el centro y puedo ir a pie al trabajo. Es como un mirador privilegiado porque tienes la ciudad a tus pies. Y además me llevo bien con los vecinos", explica Andrés. Andrés, 24 años, informático

"Vivimos en un adosado en una urbanización en las afueras de Madrid. Tenemos suficiente espacio dentro y fuera. Cada uno tiene su habitación arriba, en la planta baja tenemos una sala de estar y un comedor con chimenea y detrás hay un jardín. Aquí vivimos muy felices, lo malo es que hay pocos servicios públicos y tenemos que tomar el coche para todo", nos cuenta Mariana. Mariana, 42 años, arquitecta, dos hijos

b. Escucha otra vez y escribe las preguntas de la entrevistadora.

1. Pregunta cómo era su vida en Madrid: ¿Cómo era...
2. Pregunta por qué eligió Galicia: ....
3. Pregunta qué le llamó la atención de la casa: ....
4. Pregunta si podría imaginarse volver a Madrid: ....

c. Cuando transmitimos palabras de otras personas, hay algunos cambios.
Subraya esos cambios en las preguntas de la entrevistadora que has apuntado arriba.

estilo directo: lo que se dice	estilo indirecto: lo que se transmite
"¿Cómo es **tu** casa?"	Pregunta cómo es **su** casa.
"¿**Te imaginas** volver a Madrid?"	Pregunta **si se imagina** volver a Madrid.
"**Aquí** no **tenemos** televisor."	Dice **que allí** no **tienen** televisor.

transmitir palabras

pregunta: si… / qué… / cómo… / cuándo… / por qué…
dice que…
explica que…
comenta que…
cuenta que…

d. Comentarios sobre el reportaje. Transforma estas frases al estilo indirecto.

Luis: "A mí también me encantaría vivir aquí, pero me falta dinero."
Pablo: "Esta sería la mejor forma de vivir para mí y para mi familia."
Sara: "¿Existen casas como esta? Yo no he visto ninguna."

e. El juego del cotilleo.
En grupos de cuatro. La primera persona cuenta una información personal al oído de un/a compañero/-a, que añade una información más y la transmite a la siguiente persona. La última dice en voz alta lo que le han dicho. La primera corrige la información.

A: En dos semanas me voy a Mallorca.
B: A dice que en dos semanas se va a Mallorca para trabajar.
C: A dice que en dos semanas se va a Mallorca para trabajar en un casino.
A: No, solo he dicho que en dos semanas me voy a Mallorca.

✎ 4, 5

Cosas de casa

4 a. Tareas de la casa.
¿Cuáles de estas actividades se ven en las fotos? Escribe el número correspondiente. Luego haz una lista de las actividades que más odias. ¿Cuál es la más odiada de la clase?

- ☐ poner la lavadora
- ☐ planchar camisas
- ☐ hacer las camas
- ☐ cambiar bombillas
- ☐ limpiar
- ☐ reparar algo
- ☐ regar las plantas
- ☐ montar un mueble
- ☐ poner la mesa
- ☐ sacar la basura
- ☐ pasar la aspiradora
- ☐ lavar los platos

b. Y tú, ¿qué asocias con estas actividades?
En grupos de tres, intercambiad vuestras experiencias o anécdotas.

- ● No soy capaz de montar un mueble sin tener las instrucciones.
- ○ Una vez se me olvidó apagar la plancha y quemé una camisa de seda.

c. ¿Quién hace las tareas en tu casa? ¿Qué haces tú?
En un foro están tratando el tema de las tareas domésticas. Lee estas dos opiniones y resume en una frase cada una de ellas.

De: libremujer **Asunto: hombres y tareas domésticas**
Es verdad que cada día hay más hombres que hacen las camas, van de compras, limpian, ponen la mesa, lavan los platos, planchan... pero realmente solo son unos pocos. ¡Es una vergüenza! Hemos avanzado mucho en tecnología, pero en ciertos temas seguimos igual que en el siglo pasado y no creo que esto cambie.

De: loboferoz **Asunto: hombres y tareas domésticas**
Tienes razón, pero a favor de los hombres hay que decir que en general, cuando hay que arreglar un aparato que se rompe o cambiar una bombilla, somos nosotros los que lo hacemos... Además, no es verdad que los hombres no quieran cambiar. Yo, por ejemplo, comparto los trabajos de la casa con mi mujer, pongo la lavadora, riego las plantas... Lo único que no hago es pasar la aspiradora porque lo odio.

d. Participa en el foro con tu opinión por escrito y compara después con tus compañeros.

✎ 6, 7

presentar argumentos

Creo que / Está claro que / Es verdad que / Hay que decir que + ind.

No creo que / No es verdad que + subj.

Cuando negamos una opinión, usamos el subjuntivo.

5 **a. ¿Escribes mensajes para tu familia? ¿Dónde los dejas?**

b. Mensajes de la familia Duarte.
Mira el siguiente anuncio de TELESTAR. ¿Qué se quiere promocionar?

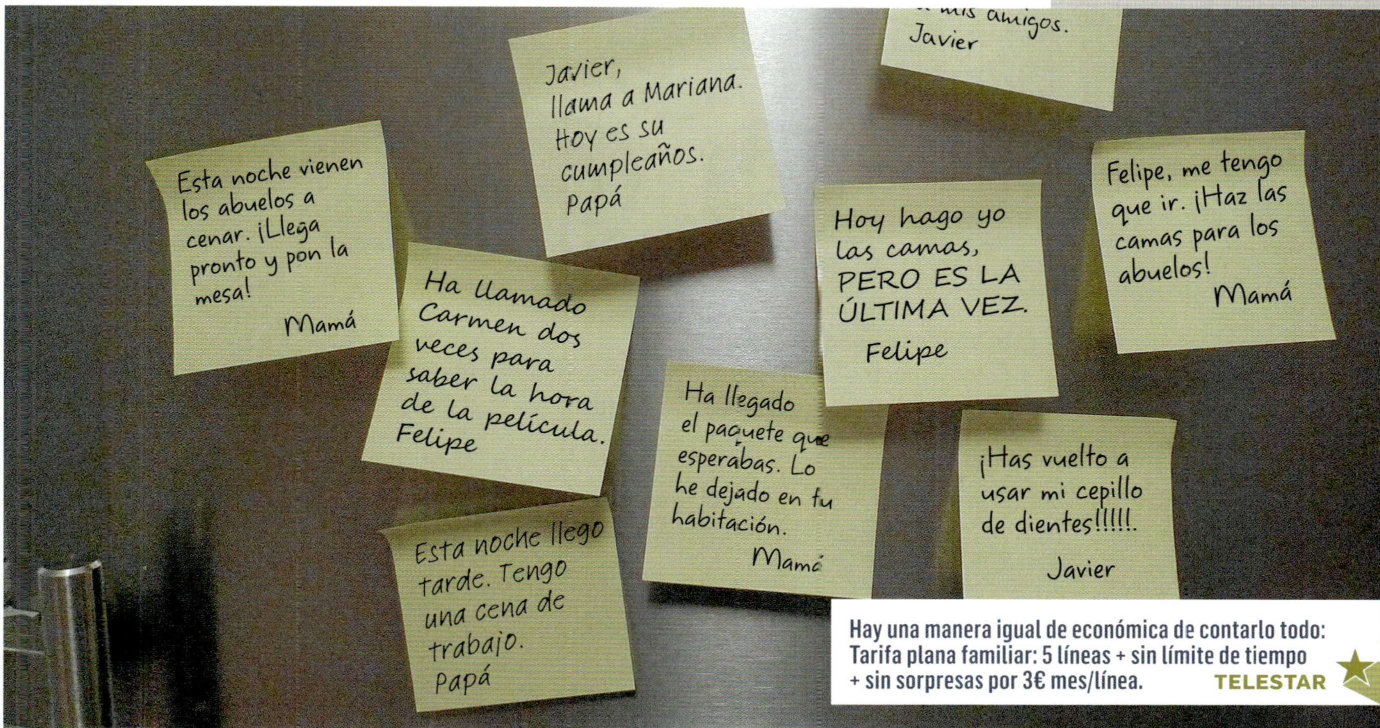

c. Lee los mensajes y escribe al lado de cada frase del cuadro quién la dice.
¿Cuándo se utiliza **decir** con indicativo y cuándo con subjuntivo? Completa la regla.

transmitir palabras de otros			
Dice que una amiga **ha llamado**.	....	Dice que **llame** a una amiga.	Papá.......
Dice que **llega** tarde.	....	Dice que **llegue** pronto.	....
Dice que **hace** las camas.	....	Dice que **haga** las camas.	....

Cuando transmitimos informaciones, usamos el ....
Cuando transmitimos peticiones o deseos, usamos el ....

d. Transmite por escrito los otros mensajes que están en la nevera.

e. Mensajes de la clase.
Escribe en un papel una pregunta, una información o una petición para un/a compañero/-a. No te olvides de poner el nombre del destinatario y firmar con el tuyo. Tu profesor/a recoge los papeles y los reparte. ¿Puedes transmitir la información a su destinatario?

Markus:
¿Puedes abrir la puerta?
Ina

- Markus, Ina te dice que abras la puerta.

✎ 8, 9

transmitir peticiones
pedir / ordenar que... aconsejar / sugerir que... proponer que... recomendar que...

Calidad de vida

6 a. ¿Qué significa para ti "calidad de vida"?
Mira los símbolos. ¿Qué aspectos son importantes para ti? ¿Puedes añadir otros?

b. Vivir con calidad de vida.
Estos aspectos sirven para medir la calidad de vida de un lugar. ¿Qué puntuación recibiría tu barrio / tu ciudad en estos aspectos?

	1	2	3	4	5
reciclaje de basura	☐	☐	☐	☐	☐
zonas verdes	☐	☐	☐	☐	☐
oferta cultural	☐	☐	☐	☐	☐
contaminación	☐	☐	☐	☐	☐
transporte público	☐	☐	☐	☐	☐
precio de la vivienda	☐	☐	☐	☐	☐
protección del medio ambiente	☐	☐	☐	☐	☐
guarderías para niños	☐	☐	☐	☐	☐
energías renovables (placas solares)	☐	☐	☐	☐	☐

c. Escucha a estas personas. ¿A qué aspectos de la lista se refieren? ⏭ 12–14

d. ¿Te has enterado de lo de...?
Escucha otra vez y marca en el cuadro las expresiones que escuchas.

presentar una información sorprendente	
¿Sabías **que** Carla deja el trabajo?	¿Sabías **lo de** Carla?
¿Has oído **que** cierran el teatro?	¿Has oído **lo del** teatro?
¿Te has enterado de **que** Antonio se muda?	¿Te has enterado de **lo de** Antonio?

reaccionar a una información sorprendente

¡No me digas!
¡No me lo puedo creer!
¿De verdad? / ¿En serio?
¡Qué dices! ¡Qué curioso!
¡Anda ya!
¡Qué tontería!

e. Noticias de la clase.
Escribe en un papel frases con información curiosa (real o inventada) sobre ti. Luego, da el papel a un/a compañero/-a, que comenta esa información para el resto de la clase.

Vivo en un adosado y tengo una serpiente como mascota.
Rainer

- ¿Os habéis enterado de lo de Rainer? Tiene una serpiente como mascota.
- ¡No me digas!

✎ 10–12

7 a. Otra vida. ¿Podrías imaginarte abandonar tu vida actual?
¿En qué caso? ¿Adónde irías y qué harías?

b. Matavenero, un pueblo para gente alternativa. ¿Puedes imaginar cómo se vive en él?
Lee el artículo y completa la ficha de datos de Matavenero.

Qué bonito, pero qué duro es vivir en comunidad

En tiempos difíciles, la gente tiene un sueño: romper con todo buscando una vida más sencilla. Desde hace años, cientos de personas han elegido ese camino alternativo.
Matavenero es un buen ejemplo. Para llegar a este pueblo fundado en 1989 sobre las ruinas de un pueblo abandonado en un valle de León se necesita un espíritu aventurero. Una vez allí, no es difícil orientarse en este pueblo de 80 habitantes, con 26 niños y una media de edad de 40 años. Los nuevos habitantes de Matavenero deben vivir un año en el pueblo antes de poder quedarse.
En un principio, sus habitantes de distintas nacionalidades vivieron en "tipis" (tiendas indias) y poco a poco en casas construidas por ellos mismos. Hoy el pueblo tiene una calle principal de tierra y piedras, la Gran Vía. No hay hoteles, pero sí una escuela, una guardería, una panadería, una tienda, un pequeño restaurante, un lugar de reuniones y varios pequeños negocios de artesanía. La medicina se basa en la homeopatía y las verduras y frutas se cultivan en las huertas propias. "Casi todas las viviendas tienen electricidad de energías renovables", dice Goyo, "y el agua viene de dos fuentes del bosque". Goyo trae el correo desde Astorga y lo reparte. También es responsable del teléfono, que solo funciona de 19.30 a 20.30.
La comunidad toma las decisiones en común, pero cada persona hace su propia vida, y se usa el trueque para intercambiar productos y servicios. Las normas comunes son sobre todo de carácter ecológico: prohibición de motores en el interior del pueblo, uso de placas solares para conseguir energía eléctrica... No se ve bien el consumo de alcohol, tabaco o drogas. El jueves es el día dedicado al trabajo común.
Aviso para los idealistas: aprender a vivir en plena montaña y en comunidad sin renunciar a lo individual no es romántico, es duro.

Nombre: Matavenero
Situación: ....
Habitantes: ....
Fundación: ....
Gobierno y política: ....
Arquitectura: ....
Sociedad y economía: ....

c. Hablad de los aspectos positivos o negativos de la vida en Matavenero.
¿Qué aspectos de esta manera de vivir tomaríais para vuestro propio pueblo / vuestra propia ciudad? ¿Cuáles no?

d. Minidebate. Un domingo sin ruidos.
Tu ayuntamiento quiere prohibir los ruidos de coches y todo tipo de motores los domingos. En grupos de tres, preparad argumentos a favor y en contra y escribidlos en tarjetas. La clase se divide en un grupo a favor y otro en contra. Por turnos, discutid con vuestros compañeros/-as. El profesor/a modera el debate.

✎ 13

Tarea final La calidad de vida en mi ciudad

Portfolio
Guarda el cuestionario en tu dosier.

El ayuntamiento te pide elaborar un cuestionario para hispanohablantes que viven en tu ciudad. Quiere investigar cómo es la calidad de vida en tu ciudad o barrio.

1. En grupos de tres, formulad dos posibles preguntas más para cada aspecto.
2. Se presentan las preguntas de cada grupo y entre todos se eligen las tres más interesantes de cada aspecto.
3. En parejas. Haced el cuestionario a vuestro compañero/-a.
4. De nuevo en clase abierta, se presentan los resultados y se comentan los aspectos interesantes. ¿Te parece que tu ciudad o barrio tiene una buena calidad de vida? ¿Qué habría que mejorar?

AYUNTAMIENTO

Encuesta sobre la calidad de vida en ....

VIVIENDAS:
- ¿Cómo es el nivel de los alquileres?
-

TRANSPORTE:
- ¿Hay muchos atascos?
-

EDUCACIÓN:
- ¿Hay suficientes guarderías?
-

CULTURA:
- ¿Qué te parece la oferta cultural?
-

PROBLEMAS:
- ¿Existen problemas de drogas?
-

Amor imposible

Capítulo 3: Texto y música 15

Bueno. Aquí estamos otra vez en Radio Estrella. ¿Qué tal? ¿Te gusta tu trabajo como asistente? Bien, bien. Perdona si no puedo seguir charlando contigo, pero es que necesito urgentemente tu ayuda, tenemos un problema. Joacuín, el encargado de la técnica y del sonido, está enfermo. Ha llamado hace un rato para decir que no puede venir hoy a trabajar. Le duele mucho el estómago. Cree que ayer tomó demasiado café, pobrecito. No me sorprende. Como ya te dije, Joaquín hace un café malísimo. ¿Lo has probado? Terrible, ¿verdad? No sé cómo lo hace: la cafetera es buena y el café que compramos es de excelente calidad. Un misterio.
El problema es que no tenemos los efectos de sonido para el capítulo de hoy, por eso necesitamos tu ayuda. Los sonidos para el capítulo de hoy son los siguientes:
- alguien toca a la puerta
- pájaros cantando
- un lápiz y un cuaderno caen al suelo
- suena un móvil
- pasos que se alejan

Lee en el Cuaderno de ejercicios el texto de la radionovela y pon los efectos de sonido en el lugar adecuado. Luego escucha para comprobar cómo suena.

¡Fantástico! ¡Qué talento! Los pájaros han quedado muy bien. Ahora ya podemos grabar el resto del capítulo. Va a quedar muy bien. Gracias.
Por cierto, no olvides preparar el resumen del capítulo.

Con sabor

La patata o papa

La cocina de muchos países del centro y norte de Europa no se puede imaginar hoy en día sin las patatas. Un par de ejemplos: una de las palabras que se asocian a Alemania es *Kartoffel*, en Suiza es muy popular el *Rösti* y, según se dice, en Bélgica se inventaron las patatas fritas.

■ *¿Cómo prefieres las patatas? ¿En puré, hervidas, fritas, en ensalada…? ¿Hay algún plato con patatas famoso en tu país?*

En Latinoamérica, de donde son originarias, las patatas han sido siempre uno de los alimentos principales, hasta tal punto que el famoso poeta chileno Pablo Neruda les dedicó un poema que empieza así:

Papa,
te llamas
papa
y no patata,
no naciste con barba,
no eres castellana:
eres oscura
como
nuestra piel,
somos americanos,
papa,
somos indios.

Las patatas se cultivan desde hace más de 7.000 años en la zona del Altiplano peruano. Perú sigue siendo uno de los países con más variedades de patatas, más de 2.000 de las 4.000 que se conocen. La cocina peruana, una de las más variadas del mundo, las utiliza en algunos de sus platos exquisitos como las "causas", un pastel frío de patata de origen precolombino.

■ *¿Conoces otros productos o platos típicos de la cocina peruana?*

No se sabe exactamente cuándo y cómo llegaron las patatas a Europa, pero probablemente lo hicieron por las Islas Canarias, donde se llaman "papas" como en Latinoamérica.

■ *¿Has probado alguna vez las "papas arrugadas", una especialidad canaria? Abajo tienes la receta.*

Los europeos tomaron la patata primero por una planta decorativa por sus bellas flores y por eso se cultivaba en jardines botánicos. La gente desconfiaba de ese producto extraño llegado de América porque al principio se comían las partes tóxicas de la planta, hasta que se descubrió que la parte comestible crecía bajo tierra. Algunos creían incluso que de la planta crecería un árbol del que se recogerían los frutos.

■ *¿Conoces otras plantas que tienen sus frutos bajo tierra?*

Poco a poco la patata se fue extendiendo, aunque en algunos países su cultivo se tuvo que introducir casi a la fuerza.

■ *Actualmente la patata es el cuarto alimento más importante del mundo. ¿Imaginas cuáles son los tres primeros? Abajo está la solución.*

Sin la patata, la cocina internacional no sería la misma. Ni tortilla de patatas, ni ñoquis, ni *fish and chips*, ni patatas fritas, ni .... (este espacio es para tu plato favorito de patatas).

1. maíz, 2. trigo, 3. arroz

PAPAS ARRUGADAS

Ingredientes

1 kg de papas pequeñas
¼ kg de sal (mejor, sal marina)
1 trozo de limón y agua

Preparación

Se lavan muy bien las papas, sin pelarlas. Se ponen en una olla con la sal y el trozo de limón y se cubren de agua. Una vez cocidas, se les quita el agua y se colocan nuevamente unos minutos al fuego para que se sequen y "arruguen". Por último se sirven acompañadas de mojo, una salsa a base de pimiento y ajo.

Comunicación

Tareas domésticas

limpiar	pasar la aspiradora	poner la lavadora
cocinar	poner la mesa	hacer las camas
lavar	lavar los platos	regar las plantas
planchar	arreglar un aparato	montar un mueble
ir de compras	cambiar bombillas	sacar la basura

Hablar de maneras de vivir

Vivo en	una granja un adosado un ático una finca un apartamento	en	las afueras. el centro. una urbanización. el campo / la ciudad. la costa.

Presentar argumentos

Pienso que no es posible vivir así.
Está claro que el ruido molesta.
Hay que decir que los hombres también trabajan.
No creo que las mujeres hagan todo.
No es verdad que los hombres no hagan nada.

Reaccionar

Estoy (totalmente) de acuerdo.
Soy de la misma opinión.

No estoy de acuerdo.
No es verdad.

Contraponer opiniones

Es cierto, pero…
Puede ser, pero…
Tienes razón, pero…
Por otro lado…
Sin embargo, la gente vive igual.

Transmitir informaciones

Dice que vino a Galicia buscando tranquilidad.
Comenta que la casa estaba en ruinas.
Explica que en el hotel la gente puede relajarse.

Transmitir preguntas

Pregunta si podría imaginarse volver a Madrid.
Quiere saber qué hacía en Madrid.
Le interesa cómo, cuándo y por qué se fueron a Galicia.

Presentar una información

¿Sabías que…?
¿Has oído que…?
¿Te has enterado de que…?
¿Te has enterado de lo de José?

Expresar sorpresa

¡No me digas!	¡Qué dices!
¿De verdad?	¿En serio?
¡Anda ya!	¡Qué curioso!
¡No me lo puedo creer!	

Hablar de ventajas y desventajas

Lo mejor son las vistas. Además, es barato.
Puede que haya poca oferta cultural, pero…
Es cierto que el hospital está lejos.
Lo malo es que no hay servicios públicos.

Gramática

El estilo directo e indirecto

estilo directo: lo que se dice	estilo indirecto: lo que se transmite
"Llegamos a Galicia con 40 años."	**Dice que llegaron** a Galicia con 40 años.
"Nuestra casa estaba en ruinas."	**Comenta que su** casa estaba en ruinas.
"¿Te imaginas volver a Madrid?"	**Pregunta si se imagina** volver a Madrid.
"Aquí no hay televisor."	**Dice que allí** no hay televisor.

Para reproducir lo que ha dicho alguien se usan verbos como **decir**, **comentar**, etc. + **que** y cambian los pronombres, adverbios y algunos verbos (**ir** > **venir**, **llevar** > **traer**), debido al cambio de perspectiva.

Indicativo y subjuntivo en el estilo indirecto

transmitir informaciones → indicativo	transmitir peticiones → subjuntivo
Papá ha dicho que hoy **llega** tarde.	Mamá ha dicho que **lleguemos** puntuales.
Felipe dice que **hace** las camas.	Mamá dice que **hagas** las camas para los abuelos.

Cuando en el estilo indirecto reproducimos informaciones usamos el indicativo.
Cuando se trata de peticiones, instrucciones o consejos usamos el subjuntivo.

Valorar o negar una opinión

Creo que Está claro que Es verdad que Es evidente que	las mujeres **hacen** todo.	No creo que No está claro que No es verdad que No es evidente que	las mujeres **hagan** todo.

Cuando se niega una opinión se usa el subjuntivo.

Lo de

¿Sabes **lo de** Antonio?	¿Sabes **que** Antonio se muda de casa?
¿Has oído **lo del** nuevo aparcamiento?	¿Has oído **que** la ciudad construye un nuevo aparcamiento?
¿Sabías **lo de la** biblioteca?	¿Sabías **que** van a cerrar la biblioteca?
¿Se ha enterado de **lo de** Matavenero?	¿Se ha enterado de **que** Matavenero es un pueblo alternativo?

Con **lo de** hacemos referencia a algo ya conocido.

Mirador

Un mirador es un lugar desde donde se puede mirar un paisaje. Aquí te invitamos a reflexionar sobre lo que has aprendido en las tres lecciones anteriores y a ponerlo en práctica. Además tendrás la posibilidad de acercarte a la cultura de los países hispanohablantes a través de su literatura.

Hablamos de cultura: vacaciones y viajes

1 a. ¿Qué haces o no haces tú?
Compara luego con un/a compañero/-a y explica tu decisión. ¿Qué consideras típico de tu país?

1. Reservo el lugar de mis vacaciones...
   - ☐ medio año antes aproximadamente.
   - ☐ con algunas semanas de antelación.
2. Ir a ver a la familia (padres, primos)...
   - ☐ para mí no son realmente vacaciones.
   - ☐ son las vacaciones ideales.
3. Cuando voy de viaje, ...
   - ☐ traigo regalitos a mis amigos. Lo esperan.
   - ☐ no suelo traer regalos o recuerdos.
4. Prefiero viajar...
   - ☐ en viaje organizado. Es cómodo y práctico.
   - ☐ por mi cuenta. Quiero ser independiente.
5. A la hora de viajar...
   - ☐ prefiero ir al extranjero.
   - ☐ me quedo en mi país. Hay mucho que ver.
6. Si tengo algún problema en el hotel, ...
   - ☐ me quejo para que se solucione.
   - ☐ me lo tomo con calma: son vacaciones.

b. Lee lo que cuenta una argentina sobre su viaje con una amiga suiza. ¿Le gustó?
¿Y a ti? ¿Te gustaría viajar con una persona como Karin? ¿Por qué (no)?

“En general viajo sola, pero este año he ido a Mallorca con mi amiga Karin. Ella se había comprado una guía de la isla, un libro gordo, para preparar el viaje. En realidad queríamos hacer un viaje de descanso y yo pensaba levantarme tarde y empezar el día con mucha tranquilidad. Soñaba con estar horas sentada en algún lugar leyendo, tomando el sol...
En cambio, fue un viaje cultural increíble. Todas las tardes, cuando regresábamos a nuestro apartamento, yo me encargaba de cocinar mientras ella leía su guía para programar el día siguiente. Siempre me comentaba lo que podíamos ver y lo presentaba tan atractivo que yo me entusiasmaba y decía: “Sí, por supuesto, eso lo tenemos que ver.” Y al final ella siempre me respondía: “Entonces hay que levantarse muy temprano.”
Cuando estábamos cómodas en algún café, ella sacaba su libro y decía: “Mira, podríamos visitar el palacio tal o la ruina tal”. Karin no me daba respiro, pero era un estrés muy simpático. Total, que conocimos muchísimo de la isla y le estoy muy agradecida por las interesantes excursiones que hicimos, pero descansar, lo que se dice descansar, creo que no lo conseguí.”

hablar de aspectos culturales • autoevaluación • terapia de errores • estrategias de aprendizaje • un texto literario que da que hablar

4

Ahora ya sabemos...

Aquí tienes la posibilidad de valorar lo que has aprendido en las últimas lecciones. En los cuadros amarillos encontrarás una serie de competencias que has adquirido y que te servirán de guía para realizar la actividad. Haz las tareas y luego marca el nivel que crees tener en cada tema.

2 Hablar con alguien para llegar a un acuerdo.

En grupos de tres. Imaginad que habéis alquilado una casa para las vacaciones, pero cuando llegáis, os dais cuenta de que la casa está sucia y desordenada, en el jardín corren los perros del vecino y la piscina no tiene agua. Elegid uno de los tres papeles (A, B o C) e intentad encontrar una solución.

A: Te niegas a entrar en la casa y quieres ir directamente a un hotel.
B: Piensas que si cada uno se encarga de algunas tareas, la casa se puede arreglar rápidamente y después disfrutaréis de las vacaciones.
C: Eres el dueño de la casa, tienes muchas deudas y necesitas el dinero del alquiler.

!

En las lecciones anteriores habéis visto cómo se puede
- presentar un problema
- hablar de las tareas de la casa
- expresar deseos / gustos / necesidades
- ofrecer ayuda
- presentar argumentos
- contraponer opiniones
- hablar de ventajas y desventajas

Podéis consultar las páginas de gramática (18, 30, 42) para recordar expresiones útiles antes de la discusión.

3 Hablar de un tema expresando tu opinión.

Vas a hablar tres minutos presentando argumentos a favor o en contra de uno de estos temas. Anota lo que vas a decir. Puedes consultar las notas mientras hablas, pero no leerlas en voz alta.

- La mejor forma de pasar las vacaciones es ir a un país extranjero.
- Todos los niños tendrían que aprender inglés desde la guardería.

!

Para prepararse, conviene seguir estos pasos:
- hacer una lluvia de ideas sobre el tema
- hacer una lista de 4 puntos a favor y en contra
- repasar las expresiones para presentar opiniones
- repasar las expresiones para contraponer aspectos

4 a. Escuchar y comprender mensajes de un contestador automático. 16–17

Escucha dos mensajes que tienes en el contestador y marca en cada caso la frase que resume mejor el mensaje.

1. ☐ Te han llamado del taller para decirte que tu coche está listo en una semana.
   ☐ El mecánico del taller te pide que te decidas entre dos alternativas.
2. ☐ Tu profesora de español te llama para decirte que tienes una enfermedad contagiosa.
   ☐ Tu profesora te llama para decirte que hoy no hay clase de español.

b. Escribir un correo electrónico contestando a un mensaje.

Escribe un correo electrónico contestando a una de las llamadas telefónicas. Piensa en dar las gracias, referirte al asunto de la llamada, proponer una alternativa y despedirte. Conserva el texto para la siguiente actividad.

Terapia de errores

5 a. Escribir evitando errores.
Una vez escrito el correo de la actividad anterior, vuelve a leerlo y fíjate en los siguientes aspectos:

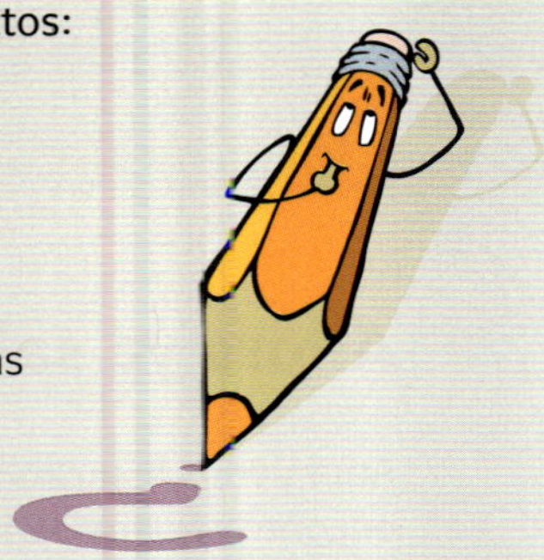

LAS FRASES: ¿Tienen las frases todos los elementos necesarios (verbo, sujeto, conectores)?
LA CONCORDANCIA: ¿Es correcto el género de los sustantivos y de los artículos, adjetivos y pronombres que van con ellos?
LOS VERBOS: ¿Es correcta la forma de los verbos (persona, tiempo, modo)?
LA ORTOGRAFÍA: ¡Cuidado con las palabras en tu lengua parecidas! ¿Llevan acento las palabras que lo necesitan, por ejemplo los interrogativos?
LAS PREPOSICIONES: ¿Son correctas las preposiciones? ¿No has confundido **en** y **a**, **por** y **para**?

b. En parejas, intercambiad ahora los correos del ejercicio anterior.
Cada uno/-a lee el texto de su compañero/-a, marca los errores que cree haber encontrado y los clasifica. Luego corregid juntos los textos. En caso de duda, preguntad a vuestro profesor/a.

Zona estratégica: ampliar vocabulario

6 a. Trucos para ampliar vocabulario.
Un truco para ampliar el vocabulario sin tener que aprender palabras nuevas: a partir de una palabra se pueden formar otras palabras añadiendo un prefijo al principio de la palabra o un sufijo al final. Las palabras que se obtienen de ese modo son de la misma "familia". Aquí hay algunos ejemplos. ¿Puedes añadir otras palabras?

prefijos	**in-, i-, im-** **des-**	para formar un significado contrario	incorrecto, irreal, imposible descontento, desacuerdo
	re-	para indicar la repetición	reconstrucción, reorganizar
sufijos	**-dad**	para formar un sustantivo de un adjetivo	posibilidad, dificultad
	-ción	para transformar un verbo en un sustantivo	transformación, imaginación

b. Mira las palabras. ¿Puedes deducir su significado?

desagradable generosidad irresponsable
incalculable igualdad
ocupación autorización ilegal

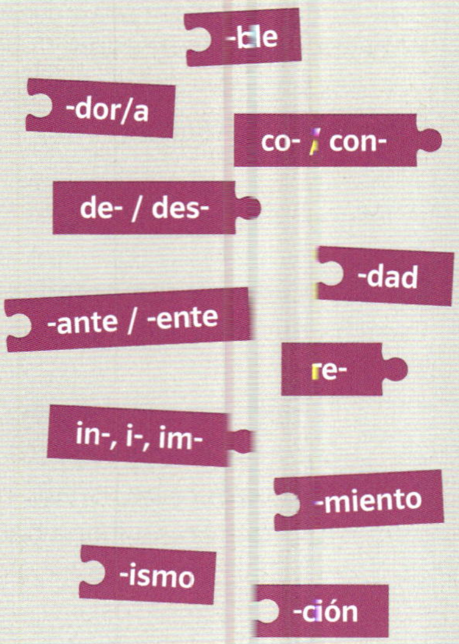

c. Busca para estas palabras otras más de la misma familia.
Luego compara con un/a compañero/-a.

feliz .... *felicidad, felicitar, infeliz*
capaz ....
interés ....
conocer ....
realizar ....
utilizar ....

Un poema que da que hablar

7 **a. Hablando de poesía. Intercambiad vuestras experiencias.**

¿Hay alguien en el grupo...
- a quien le gusta leer o recitar poemas?
- que se sabe un poema de memoria? ¿Cuál?
- que se acuerda de un poema que tuvo que aprender?
- a quien le daba vergüenza recitar un poema delante de la clase?
- que ha escrito un poema para una fiesta familiar?

b. Un poema.
El escritor español Antonio Machado (1875 – 1939) evoca en muchos de sus poemas el paisaje de su tierra, Castilla, como en este que habla de un viaje en tren. Antes de leerlo, contesta estas preguntas.

¿Existe o ha existido en tu país una tercera clase en el tren? ¿Cómo era?
¿Qué suele hacer la gente que viaja en tren en tu país?
¿Hablas con los viajeros que están sentados enfrente o al lado?

c. Tu profesor/a lee el poema en voz alta. ¿Qué te sugiere el ritmo?
Después lee tú el poema. ¿Cómo es el viaje? ¿Va solo el viajero? ¿En qué clase viaja? ¿Lleva muchas maletas? ¿Le gusta el viaje en tren? ¿Qué hace? ¿Hay otros viajeros en el vagón?

En tren

Antonio Machado, Campos de Castilla, 1912

Yo, para todo viaje
–siempre sobre la madera
de mi vagón de tercera–,
voy ligero de equipaje.
Si es de noche, porque no
acostumbro a dormir yo,
y de día, por mirar
los arbolitos pasar,
yo nunca duermo en el tren,
y, sin embargo, voy bien.
¡Este placer de alejarse!
Londres, Madrid, Ponferrada,
tan lindos... para marcharse.
Lo molesto es la llegada.

Luego, el tren, al caminar,
siempre nos hace soñar;
y casi, casi olvidamos
el jamelgo[1] que montamos.
¡Oh, el pollino[2]
que sabe bien el camino!
¿Dónde estamos?
¿Dónde todos nos bajamos?
¡Frente a mí va una monjita
tan bonita!
Algo en tu rostro[3] es divino
bajo tus cofias[4] de lino.
...

1 caballo viejo, **2** burro, **3** cara, **4** prenda de vestir que se lleva en la cabeza, parte de un uniforme femenino.

d. En grupos de tres. Hablad sobre vuestras experiencias en el tren.

¿Te gusta viajar en tren? ¿Cuáles son las ventajas y desventajas?
¿Dónde prefieres sentarte (ventanilla o pasillo, vagón-restaurante, coche-cama, departamento...)?
¿Qué sueles hacer en el tren (leer, trabajar, mirar por la ventana, dormir)?
¿Qué te molesta de los otros viajeros?
¿Has conocido a alguna persona interesante en un viaje en tren?
¿Puedes contar alguna experiencia relacionada con el retraso de un tren?

¿Papel o pantalla?

hablar sobre hábitos de lectura y gustos cinematográficos • valorar un libro o una película • resumir un argumento • hacer suposiciones sobre el futuro • expresar impersonalidad • hablar de hechos terminados en el futuro

5

LO MÁGICO DE LEER

Ñ
Clarín

1 a. ¿Viajas regularmente en tren, metro o autobús? ¿Lees cuando estás viajando? ¿Te concentras tanto como el chico de la foto?
En grupos de tres, comentad estas preguntas: ¿Te gusta leer? ¿Qué lees habitualmente a lo largo del día (periódico, correos...)? ¿Para qué lo haces? ¿Cuándo, dónde, cuánto tiempo y en qué posición lees? ¿Haces otras cosas mientras lees?

b. Escribe en tres minutos todo lo que se puede hacer con un libro.

Un libro se puede escribir, olvidar, regalar, abrir...

c. Cada uno/-a lee una palabra de su lista sin repetir ninguna de las anteriores. ¿A cuántas llegáis?

Del papel a la pantalla

2 a. ¿Qué tipo de libro es?

¿A cuáles de estas categorías pertenecen los libros del catálogo? ¿Cuáles corresponden al mundo del español? ¿Conoces otros libros o autores españoles o latinoamericanos?

novela | obra de teatro | libro de cocina | novela histórica | novela policíaca | biografía | novela de ciencia ficción | cuento

leercongusto
venta de libros

libros > música > regalos >

La Reina
Pilar Urbano
Un libro que cuenta los hechos más importantes en la vida de Sofía de Grecia, reina de España.

La casa de los espíritus
Isabel Allende
La historia de cuatro generaciones de la familia Trueba. Una historia de amor, familia, muerte, fantasmas, revolución, política e ideales.

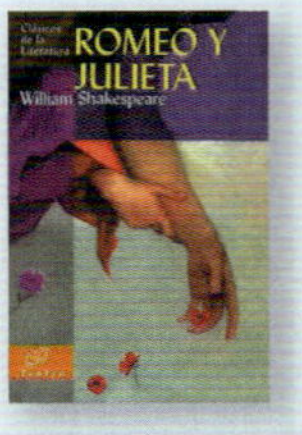

Romeo y Julieta
William Shakespeare
Este drama tiene lugar en el siglo XVI en Verona. Trata de dos jóvenes enamorados que pertenecen a familias enemigas.

La sirenita
Hans Christian Andersen
Cuenta la triste historia de una sirena que desea tener un cuerpo de mujer porque está enamorada de un príncipe.

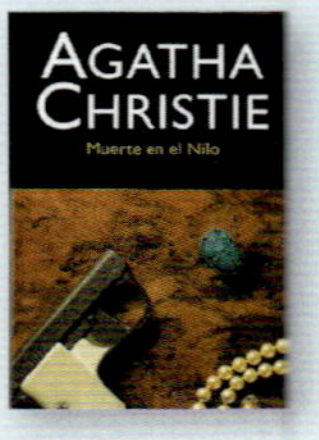

Muerte en el Nilo
Agatha Christie
Un nuevo caso del detective Hércules Poirot que investiga una muerte misteriosa durante un crucero.

Viaje al centro de la Tierra
Julio Verne
El profesor Lidenbrock descubre un plano antiguo para llegar al centro de la Tierra. Organiza una expedición y vive numerosas aventuras.

El nombre de la rosa
Umberto Eco
La historia tiene lugar en la Edad Media en Italia y cuenta la investigación de un monje franciscano alrededor de una misteriosa serie de crímenes en un monasterio.

Las recetas de Arzak
Juan Mari Arzak
En su nuevo libro el conocido cocinero vasco nos cuenta los secretos de su cocina y presenta sus últimas creaciones.

Los pilares de la tierra
Ken Follett
El libro nos lleva a la Edad Media, a un mundo de reyes, damas, caballeros y castillos, y cuenta la historia de la construcción de una catedral gótica.

Borges
Alejandro Vaccaro
Un recorrido por la vida y la obra del autor argentino a través de cartas, fotos y documentos personales

b. ¿Has leído alguno de estos libros? ¿Hay algo en especial que recuerdes? ¿Cuál es el libro más divertido / emocionante / aburrido que has leído?

c. ¿Cuáles de estas palabras se refieren a un libro, a una película o a los dos?

actor / actriz | argumento | autor/a | banda sonora | capítulo | crítica | director/a | escena | estreno | guion | índice | página | párrafo | premio | protagonista | título | tráiler

libro	película	libro y película

d. ¿Has visto alguna película basada en uno de los libros del catálogo? ¿Qué tal?

- Yo vi la película "El nombre de la rosa", pero el libro me gustó más porque...

3 ¿Qué libro o película es?

En grupos de cuatro. Cada persona prepara algunas notas para resumir en dos o tres frases un libro o una película. Los otros adivinan cuál es. Los libros o películas que no se adivinan se presentan al final a toda la clase.

hablar de libros / películas

Género:
Es un libro de aventuras.
Es una película del oeste.
Es una comedia romántica.
Es un drama.

Argumento:
Trata de...
Cuenta la historia de...
Tiene lugar en...
Se basa en una novela de...

Personajes:
El / La protagonista es...
La actriz principal es...
Interpreta el papel de...
Los actores secundarios...

1–4

¿Cómo nace un libro?

4 a. ¿Cómo nace un libro? Poned los pasos en el orden correcto.

☐ Los ejemplares del libro son enviados a las librerías y bibliotecas.
☑ 1 Un/a autor/a tiene una idea para un nuevo libro y empieza a escribir.
☐ La gente compra y lee el libro.
☐ Se envía el manuscrito a la editorial donde es aceptado o rechazado por el editor.
☐ El libro es publicado por la editorial.
☐ Se hacen cambios y correcciones antes de la publicación.

b. En algunas de las frases anteriores aparece la voz pasiva. ¿Cómo se forma?
Completa las frases y la regla.

la voz pasiva	se + 3ª persona
El libro .... **por** la editorial. Los ejemplares del libro .... a las librerías y bibliotecas.	**Se** .... el manuscrito a la editorial. **Se hacen** cambios y correcciones.

La voz pasiva se forma con el verbo .... y el participio. Para mencionar quién realiza la acción se usa la preposición ....
Esta forma es típica de la lengua escrita. En la lengua oral se prefiere la estructura **se + 3ª persona** del verbo.

c. La historia de los libros. Resúmela utilizando la voz pasiva.

1450	Gutenberg	invento de la imprenta
1569	Casiodoro de Reina	primera traducción completa de la Biblia al español
1574	Antonio Ricardo	establecimiento de la primera imprenta en Latinoamérica
1935	Penguin Books	publicación de los primeros libros de bolsillo
2010	Apple	lanzamiento del iPad

5, 6

¿Recuerdas?

Para hacer predicciones e hipótesis se usa el **futuro**.

✎ 7

5 a. "Entre dos aguas".
¿Qué te sugieren el título y la portada del libro? Haz hipótesis sobre estas preguntas.

1. ¿De qué tipo de libro se tratará? ¿Novela histórica, policíaca, de amor...?
2. ¿Dónde crees que tendrá lugar la historia? ¿En España o en otro país? ¿En una ciudad, en un pueblo cerca del mar...?
3. ¿Cuál será el tema? ¿La historia de una separación? ¿De un asesinato? ¿De una enfermedad?
4. ¿Quién será el / la protagonista? ¿Un hombre? ¿Una mujer que busca su camino? ¿Una persona con problemas...?

b. Una entrevista con Rosa Ribas. ⏭ 18
Escucha la primera parte de una entrevista con Rosa Ribas, la autora de la novela, y compara con tus hipótesis.

c. Escucha la segunda parte de la entrevista y toma nota de lo que dice Rosa Ribas. Con la información de las dos partes contesta estas preguntas. ⏭ 19

¿Por qué ha elegido el género de la novela policíaca?
¿Qué aspectos sociales e interculturales quiere tratar?
¿Cómo encuentra el título?
¿Cómo se inspira para sus personajes?
¿Cómo se puede caracterizar a Cornelia, la protagonista?
¿Cuál es la relación entre Cornelia y su madre?

Rosa Ribas firmando sus libros después de una lectura

6 a. "Llamadas nocturnas".
Así se llama un capítulo de la novela de Rosa Ribas. ¿A partir de qué hora una llamada se considera nocturna en tu cultura? Comentad las siguientes preguntas.

¿Hasta qué hora de la noche te pueden llamar a casa?
¿En qué caso llamarías tú más tarde de esa hora?
¿Cómo reaccionas si suena el teléfono a medianoche?
¿Cómo contestas el teléfono?
¿Tienes o has tenido conversaciones telefónicas en otras lenguas? ¿Qué tal?

b. Madre e hija al teléfono.
La protagonista de la novela, la comisaria Cornelia Weber-Tejedor, recibe una llamada de su madre. Lee estas frases. Después lee el fragmento de la novela y ponlas en el orden correcto.

- ☐ El padre de Cornelia no quería llamarla para hablar del tema.
- ☐ A Cornelia le molesta que su madre no diga su nombre al responder al teléfono.
- ☐ Cornelia no recuerda quién es Reme Carrasco.
- ☐ Cornelia está cansada y no tiene ganas de hablar con su madre.
- ☐ Cornelia enciende la tele con el mando a distancia mientras habla con su madre.

LLAMADAS NOCTURNAS

– Weber.
– ¡Hija! Siempre olvidas el Tejedor, ¿no te gusta?
– Y tú, mamá, olvidas que tienes que decir quién eres cuando llamas por teléfono, si no, la gente no sabe con quién está hablando.
– ¿Cómo no lo van a saber? Me reconocen por la voz. Tú bien has sabido que era yo.
– Porque soy tu hija, pero no puedes esperar que te reconozca el médico o el del banco.
– Pues muy mal, porque me conocen desde hace muchos años. En España bien que me conocen y solo me ven en verano. El chico de la Caixa Galicia, por ejemplo…
El "chico de la Caixa Galicia" ya tenía más de cincuenta años y era, como casi todos en el pueblo, pariente más o menos lejano de los Tejedor, pero era uno de los ejemplos preferidos de Celsa Tejedor para demostrar que en España la gente se conoce, no como aquí en Alemania, donde todo es tan impersonal. Mientras su madre hablaba de él, Cornelia tomó el mando a distancia y encendió el televisor, pero le quitó el sonido.
– Hija, ¿me estás escuchando?
– Claro.
– Es que no dices nada.

– 74 –

– Estoy muy cansada, mamá. En realidad acabo de llegar a casa y quería darme una ducha.
Quería añadir "te llamo mañana", pero Celsa Tejedor no le dio tiempo.
– Entonces seré breve. Te llamo porque – por primera vez la voz de su madre falló un poco – me enteré por Reme Carrasco… ¿Sabes quién es, verdad? La mujer de Germán, el que trabajaba en la Opel, que hacía vestidos y que cuando eras pequeña te hizo el traje típico valenciano para la fiesta de la hispanidad, ¿te acuerdas? …
Cornelia no tenía ni idea de quién era esa mujer, ni quería buscar en los recuerdos.
– Claro.
Celsa Tejedor hizo una breve pausa. Cornelia no sabía si era porque había notado que no recordaba a esa Reme o porque tenía algo difícil que decirle. Con la mano libre apretaba el mando a distancia. Las imágenes cambiaban ante sus ojos, pero no dejaba de mirar el aparato.
– Mira, Cornelia, tu padre no quiere que te diga nada porque piensa que eso no es mi problema, pero es que acabo de hablar con la Reme y me ha dicho que se ha enterado por alguien del consulado de que eres tú quien investiga el caso de la muerte del pobre Marcelino – al pronunciar el nombre, la voz de su madre se cortó.

Rosa Ribas, Entre dos aguas

– 75 –

c. Leer entre líneas.
Subraya las partes del texto que te ayudan a contestar estas preguntas y comenta tus respuestas con tus compañeros/-as.

¿Cuál es el motivo de la llamada?
¿Te parece que Cornelia se alegra de la llamada?
¿Crees que se interesa mucho por lo que dice su madre? ¿Por qué (no)?
¿Qué diferencias ve Celsa Tejedor entre España y Alemania?
¿Cómo caracterizarías a las dos mujeres?
¿Qué relación hay entre ellas? ¿Crees que hablan regularmente?

✎ 8, 9

El libro del futuro

7 **a. ¿Libro o *e-book*?**
¿Cuáles de estas palabras relacionas con un libro de papel? ¿Cuáles con un libro electrónico o *e-book*? Explica tus respuestas.

marcar | subrayar | copiar | ahorrar energía | imprimir | coleccionar | escribir | tinta | marcalibros | encender | apagar | abrir | portada | guardar

libro ....

e-book ....

los dos ....

b. ¿Te gustaría tener un libro electrónico? ¿Por qué? ¿Por qué no?

8 **a. El libro del futuro ya está aquí.**
Dos lectores reaccionan a un artículo sobre el futuro de los libros que se ha publicado en un periódico digital. ¿Con quién te identificas?

>>> *Carmen Virginia 08. Marzo 2012 / 22.39*
La revolución digital ha llegado al mundo del libro. Los *e-books* permiten una lectura igual de agradable que un libro y **además** ofrecen muchas comodidades. **No solo** permiten hacer anotaciones y subrayar frases, **sino también** consultar un diccionario electrónico que está integrado. **Por último**, permiten guardar miles de libros, fotos y canciones en una biblioteca digital personal. Estoy segura de que en pocos años los libros de papel habrán desaparecido **mientras que** los libros digitales se habrán introducido por completo en nuestra vida cotidiana.

>>> *Anónimo 08. Marzo 2012 / 21.36*
Un buen libro de papel no tiene comparación con un libro electrónico. No estoy en contra del *e-book*. **Por una parte** es ligero y fácil de transportar, **por otra** no es más que un aparato. Un buen libro en tus manos, **en cambio**, tiene algo mágico: sentir las páginas, el ruido cuando las pasas, **incluso** el gusto de poner el marcalibros, cerrar el libro y cuando está cerrado, mirar cuánto te queda para llegar al final... Eso no tiene precio. Probablemente en diez años la industria editorial se habrá transformado, **sin embargo** estoy convencido de que los libros de papel nunca desaparecerán.

¿Recuerdas?

El libro está cerrad**o**.
La biblioteca está cerrad**a**.

Pero:
He cerrad**o** la puerta.

b. En los textos aparecen en negrita las expresiones para conectar frases. Clasifícalas.

ordenar ideas	añadir ideas	contraponer ideas
en primer lugar en segundo lugar	también	sin embargo

c. ¿Puedes completar estas opiniones con los conectores que faltan?

1. Yo necesito tranquilidad para leer, mi novio .... lee en cualquier lugar.
2. .... se dice que los jóvenes de hoy leen poco, ... están todo el día en internet, y ahí se acostumbran a una lectura más rápida y eficaz.
3. En un *e-book* .... puedes marcar las palabras que no conoces, ... buscarlas en un diccionario.
4. Para leer un libro de papel se necesita luz, ... el *e-book* se puede leer en la oscuridad.

d. Escribe tres frases sobre tus hábitos de lectura utilizando conectores.

Me parece práctico leer el periódico online, mientras que un libro lo prefiero en papel.

9 a. El futuro del libro.
En los comentarios de los lectores del periódico digital aparece un nuevo tiempo verbal, el futuro perfecto. Busca los ejemplos y completa el cuadro y la regla.

el futuro perfecto			
yo	habré	desaparecido	En algunos años el libro **habrá desaparecido.**
tú	habrás		
él / ella / usted	....		La industria editorial **se habrá transformado.**
nosotros/-as	habremos		
vosotros/-as	habréis		
ellos / ellas / ustedes	....		

El futuro perfecto se forma con el futuro del verbo .... y el ....
Se usa para hablar de acciones terminadas en un momento del futuro.

expresar probabilidad
Creo que… Seguro que… Probablemente… Quizá(s)… A lo mejor…

b. Imagina el mundo en el año 2025. ¿Qué habrá cambiado? ¿Qué será igual?
Escribe algunas frases sobre estos aspectos y compara con dos compañeros/-as.

Se habrá/n descubierto…	Habrá…	La comida…	Las universidades…
Se habrá/n prohibido…	No habrá…	La gente…	El trabajo…

10 – 12

10 Un concurso.
La clase se divide en dos grupos. Cada grupo elabora una lista de diez preguntas de las que sabe la respuesta sobre el mundo del cine, la literatura y la música; el otro grupo tiene que contestar.

¿Quién es el protagonista de la serie / novela…? ¿Cómo se llama el detective de…? ¿Quién ganó el Festival de Eurovisión en…?

Portfolio
Guarda el artículo en tu dosier.

Tarea final Revista "Cine y letras"

"Cine y letras" es una revista que cada mes informa sobre novedades del mundo cinematográfico y literario.

1. La clase se divide en cuatro grupos. Cada grupo redacta el texto para una de estas secciones:

Reseñas
Esta sección publica reseñas de libros y películas: autor / director, argumento, personajes, actores, escenas o capítulos interesantes…

Recomendaciones
Los lectores de la revista escriben sobre una película o un libro que les ha gustado o no y explican sus motivos.

Novedades
Noticias sobre personalidades del mundo del cine o de la literatura: ceremonias de premios, festivales, cotilleos sobre los famosos…

Entrevistas
Preguntas para una entrevista a una personalidad del cine o de la literatura.

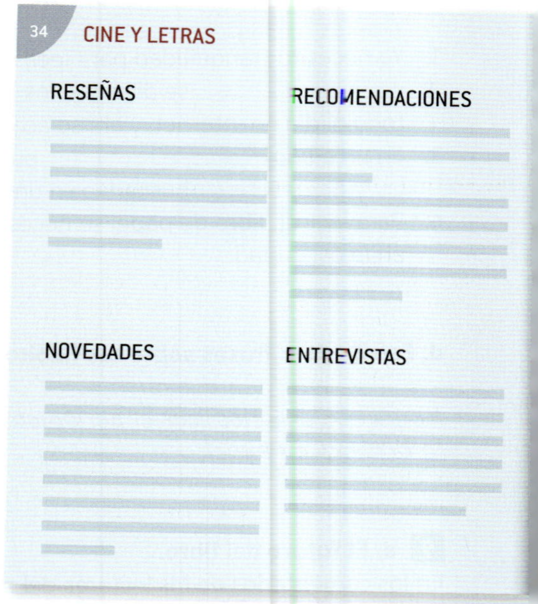

2. Entre todos se hace la revista de este mes, que se expone en el aula.

3. Leed las diferentes secciones. ¿Qué os interesa ver o leer? Si queréis más información, preguntad a los autores del artículo.

Amor imposible

Capítulo 4: Encuentro secreto 20

Hola. Muchas gracias por venir. Ya sé que ya has terminado tu horario de trabajo, pero es muy urgente. Por eso te he pedido que vengas en secreto.
Hoy por la mañana Raúl y Nuria me entregaron el texto del nuevo capítulo de la radionovela. Como yo estaba muy cansada, antes de leer me preparé un café. Al entrar en mi oficina, no vi la caja en el suelo, choqué con ella y todo el café se cayó sobre el texto.
Creo que he conseguido poner en orden una parte de los diálogos, la parte de Marta Santos, pero no he tenido tiempo de poner lo que dice Amalia. Y ahora me tengo que marchar porque tengo una cita.
Te dejo aquí los textos, ¿podrías intentar ordenarlos? Muchas gracias. Luego escucha para comprobar.

AMALIA SANTOS: Estamos componiendo juntos. Él pone la música y yo la letra. | Sí. | Sí, lo sé. ¿Y qué? | ¿Llevas una cuenta de cuántas veces salgo con la gente?

M: ¿Te encuentras hoy otra vez con Sergio?
A: ……………………………………
M: Es la segunda vez esta semana.
A: ……………………………………
M: Pues que es jueves. Y la semana pasada saliste con él tres veces.
A: ……………………………………
M: No, solo de cuántas veces sales con Sergio.
A: ……………………………………
M: Claro. Y para componer necesitas siempre ponerte tu mejor ropa y arreglarte.

tacos

tamales

enchiladas

arepas

Con sabor

El maíz

Tacos, enchiladas, tamales, arepas dulces o saladas, polenta... Quizás no conoces todos estos platos de la gastronomía latinoamericana, pero ¿verdad que suenan apetitosos? Y todos comparten un ingrediente: el maíz.

Lo encontramos en muchas formas: pan, galletas, tortas, bebidas, sopas, aceite. O en las famosas palomitas de maíz, que no pueden faltar en el cine y que muchos asocian con los Estados Unidos, pero que ya eran conocidas en las culturas precolombinas. El maíz es un auténtico multitalento.

- *¿En qué formas lo consumes tú? Busca ejemplos en la cocina de tu país (está en más productos de los que piensas).*

El origen del maíz se encuentra en México, en el Valle de Tehuacán, donde los arqueólogos encontraron especies de más de 7.000 años de antigüedad. Fue el cultivo principal de las culturas indígenas y sigue siendo un producto básico en la alimentación de los países centroamericanos. En las civilizaciones maya y azteca el maíz jugó un papel fundamental en las creencias religiosas. Según la mitología maya, cuando los dioses crearon a los seres humanos, lo intentaron con tres materiales diferentes: primero con barro, pero no les gustó. Después con madera, pero también fue un fracaso. Al final los hicieron con masa de maíz y entonces fue un éxito.

- *¿Conoces otras leyendas de cómo se crearon los seres humanos?*

El valor cultural del maíz se refleja también en la obra maestra del escritor guatemalteco Miguel Ángel Asturias, que recibió el Premio Nobel de Literatura en 1967. Su novela "Hombres de maíz" (1949) trata el conflicto entre los hombres del campo, que cultivan el maíz para vivir, y los invasores, que lo utilizan para la comercialización.

- *¿Conoces a otros escritores hispanohablantes? ¿Y a autores que han recibido el Premio Nobel?*

El maíz es el cereal que más se cultiva en el mundo. En 1604 se inició su cultivo en España y se extendió en el siglo XVIII por el resto de Europa. Hoy en día se utiliza como fuente fundamental en la alimentación tanto de seres humanos como de animales. Es además una materia prima para la fabricación de muchos productos, desde papel hasta cosméticos o plásticos, e incluso una alternativa a la gasolina. Actualmente mucha gente de diversos países está luchando contra la introducción de los transgénicos en la producción del maíz.

- *¿Cuáles son las ventajas y desventajas de los productos transgénicos?*

El maíz tiene varios nombres que se encuentran en los platos típicos de diferentes países, por ejemplo el pastel de choclo (Chile), la sopa de elote (México) o la tarta de jojoto, un dulce tradicional de Venezuela.

- *Durante las próximas semanas, prueba una especialidad gastronómica con maíz, de diferentes países hispanohablantes.*

Comunicación

Géneros literarios y cinematográficos

una obra de teatro una comedia un drama una biografía un libro de cocina	una novela	romántica histórica policíaca de aventuras de ciencia ficción

Géneros cinematográficos

una película	del oeste de terror de amor de aventuras de ciencia ficción

Hablar de libros y películas

Es un libro de ciencia ficción. Es una película del oeste. Es una comedia romántica. Es un drama.	Trata de… Cuenta la historia de… Tiene lugar en… Se basa en una novela de… El / La protagonista es… El actor / La actriz principal es… Los actores secundarios… Carmen Maura interpreta el papel de…

Ordenar ideas

en primer lugar
en segundo lugar
por último
en resumen
finalmente

Añadir ideas

y
no solo…, sino también
también
además
incluso

Contraponer ideas

pero
por una parte…, por otra
en cambio
mientras que
sin embargo

Expresar probabilidad

Creo que…
Seguro que…
Probablemente…
Quizá(s)…
A lo mejor…

Hablar de hechos terminados en el futuro

En algunos años la industria editorial se habrá transformado.
Pero el libro electrónico no habrá sustituido completamente al libro de papel.
Sin embargo, los libros digitales se habrán introducido por completo en nuestra vida cotidiana.

Gramática

La voz pasiva

El libro **es publicado** por la editorial.
Los ejemplares **son enviados** a las librerías.
Algunos manuscritos **son rechazados** por el editor.
La novela "Entre dos aguas" **fue publicada** en 2007.
El caso **es investigado** por una policía española.

La pasiva se forma con el verbo **ser** + participio. El participio concuerda en género y número con el sujeto pasivo. Es posible mencionar el agente de la acción con **por**.
La pasiva describe un proceso y se puede formar con todos los tiempos verbales. La pasiva se usa principalmente en el lenguaje escrito; en el lenguaje oral es poco frecuente.

La pasiva refleja

La primera imprenta latinoamericana **se estableció** en 1574.
Los primeros libros de bolsillo **se publicaron** en Inglaterra.
Cada año **se publican** unos 90.000 libros en España.

En el español oral se usa preferiblemente la construcción **se** + 3ª persona del verbo. La forma en singular o plural del verbo depende del sujeto al que acompaña.

Estar + participio

La última novela de Rosa Ribas ya **está publicada**.
El periódico **es publicado** todos los días.

La pasiva de estado no expresa un proceso sino el resultado de una acción y se forma con **estar** + participio.

El futuro perfecto

		haber +	participio perfecto
En algunos años	yo	habré	
	tú	habrás	terminado los estudios.
	él / ella / usted	habrá	hecho el examen.
	nosotros/-as	habremos	encontrado un trabajo.
	vosotros/-as	habréis	
	ellos / ellas / ustedes	habrán	

El futuro perfecto (futuro acabado) se forma con el futuro de **haber** y el participio del verbo.
Se usa para hablar de acciones y sucesos que vistos desde un determinado momento del futuro ya estarán acabados.

Con los cinco sentidos

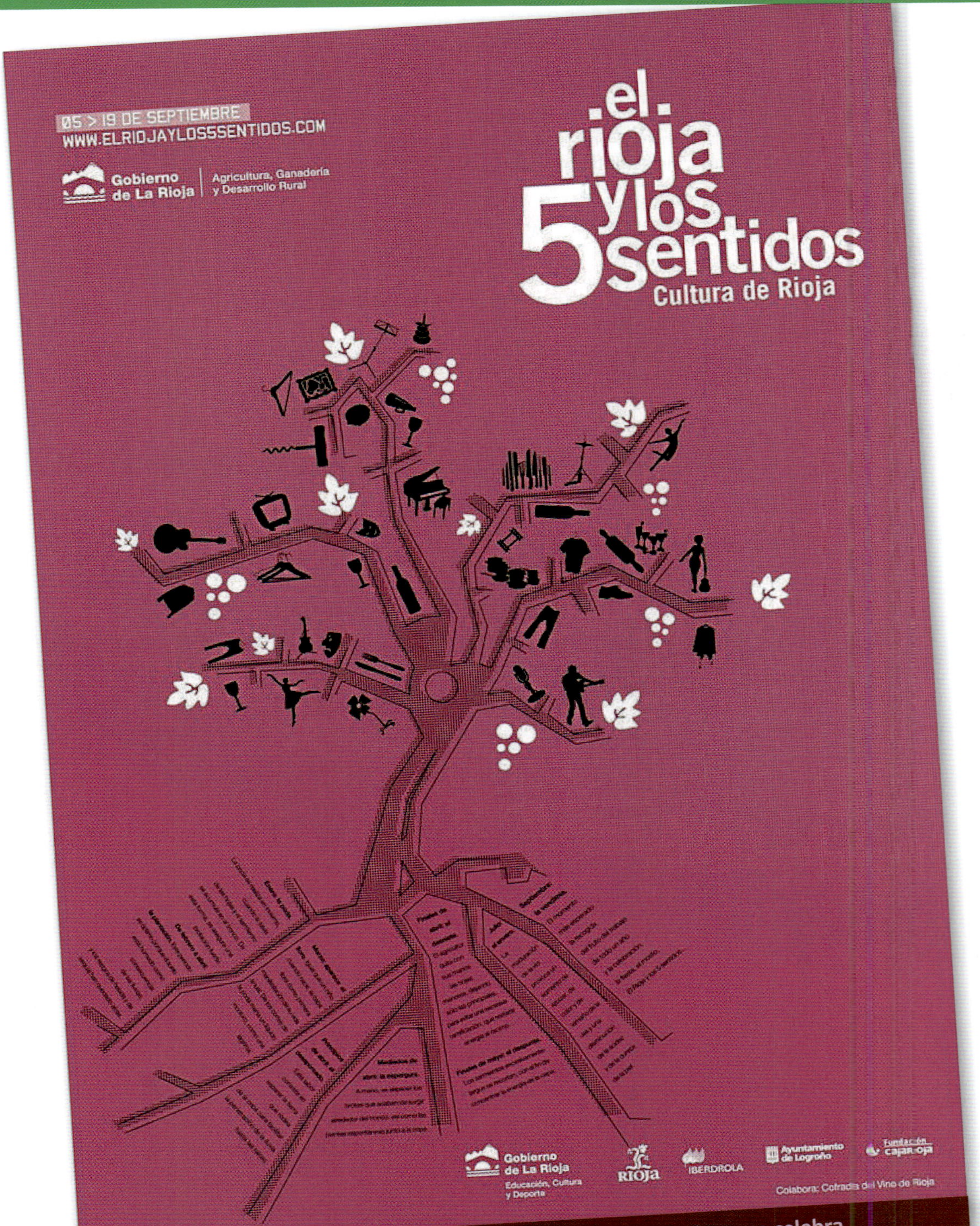

EL RIOJA Y LOS 5 SENTIDOS es un programa cultural que se celebra en La Rioja cada mes de septiembre, con motivo de la Vendimia.

6

hablar de los cinco sentidos • definir objetos • expresar causa, fin y consecuencia • hablar de música • hablar de gustos y sabores • describir un plato • expresar impersonalidad

1 **a. Mira el póster durante un minuto.** Luego cierra el libro y haz una lista de todos los objetos que recuerdes. ¿Puedes clasificarlos en diferentes grupos?

b. Escucha a una persona en su trabajo. 21
¿Qué hace? ¿Cuáles son sus instrumentos de trabajo?

MUY INTERESANTE especial sentidos

CON TODOS LOS SENTIDOS

Sabemos que los sentidos son nuestra ventana al mundo, pero ¿qué sabemos realmente de ellos? ¿Qué sentido está conectado directamente con los recuerdos y las emociones?

Con la **lengua**, el órgano del **gusto**, reconocemos cuatro sabores básicos (dulce, salado, ácido y amargo), pero en realidad podemos identificar miles de sabores diferentes porque la nariz y la lengua trabajan juntas. Nuestro cerebro tiene un "archivo" y compara los sabores y olores con los que tiene en la memoria.

Cuando olemos algo, nuestra **nariz** envía señales al cerebro, que los relaciona directamente con los recuerdos. El **olfato** es el sentido más relacionado con las emociones. Por eso decimos de una persona antipática: "No la puedo ni oler."

La primera función del **oído** es percibir los sonidos. Pero no solo eso: las **orejas** son la entrada de un sistema muy complejo que nos permite también mantener el equilibrio del cuerpo. No todo el mundo disfruta escuchando los mismos sonidos. La música favorita de tu amigo puede parecerte terrible.

La **vista** es uno de los sentidos más importantes que nos da información sobre el color, la forma, distancia, posición y el movimiento de los objetos. Los **ojos** se consideran también el espejo del alma.

El **tacto**, que nos permite percibir sensaciones como el frío, el calor o la presión a través de la **piel**, es el sentido del que menos hablamos. Pero es muy importante porque nos transmite también el dolor, que es la manera que tiene el cuerpo de decirnos que le pasa algo. Hay partes del cuerpo más sensibles al tacto que otras, la punta de los dedos es una de las zonas de mayor sensibilidad.

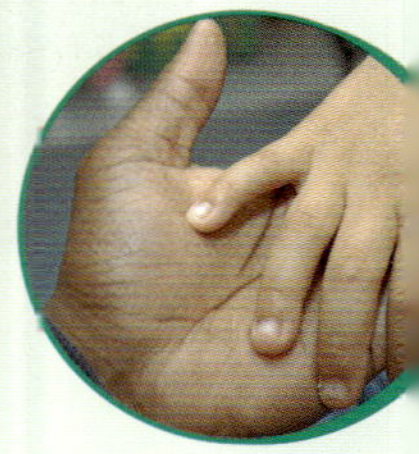

Adaptado de www.loscincosentidos-gemmablogspot.com

Con todos los sentidos

2 a. Lee el artículo y busca las palabras para completar la tabla de los sentidos.

	👁	👂	👃	👄	✋
sentido					
órgano					
actividad					

b. ¿Qué otras palabras del texto se pueden relacionar con cada sentido?

c. ¿Cuál de los sentidos te parece el más importante?
¿Has escuchado hablar de un "sexto sentido"? ¿Cómo explicarías qué es?

3 ¿Qué tal tu sentido del tacto? ¿Sabes leer "con el cuerpo"?
En parejas. Escribe una palabra con el dedo en la espalda de tu compañero/-a. Él / Ella tiene que identificarla. Luego al revés.

✎ 1, 2

4 a. Escucha algunas palabras. ¿Con qué sentido asocias cada una? ⏭ 22
Escríbelas en la columna correspondiente. No hay correcto o falso, también pueden corresponder a varias columnas. Después, comparad en parejas vuestras impresiones.

vista	oído	olfato	gusto	tacto

- El café lo asocio con el gusto porque es una bebida.
- Pues yo con el olfato por el aroma.

b. En parejas. Buscad en cinco minutos el máximo de cosas que...

- huelen bien
- huelen mal
- son dulces
- saben bien
- son redondas
- son duras
- son rojas
- son brillantes
- hacen ruido
- suenan bien

hablar de percepciones		
Huele bien / mal. Apesta. Huele a pescado. Tiene olor a...	Es dulce / salado. Es blando / duro. Sabe a... Tiene sabor a...	Es el ruido de... Es un ruido agradable. Suena bien / mal. Suena como...

oler	**oír**
huelo	oigo
hueles	oyes
huele	oye
olemos	oímos
oléis	oís
huelen	oyen

c. Cierra los ojos y piensa en una de las siguientes situaciones. ¿Qué sabores, olores, sonidos o sensaciones te vienen a la memoria? Coméntalo con tus compañeros/-as.

Navidad | tu escuela | tus abuelos | tus últimas vacaciones

5 a. Lee las definiciones y completa con el sentido u órgano correspondiente.

frases relativas con preposición

La .... es el sentido **con el que** vemos.
Las .... son partes del cuerpo **sin las que** no podemos tocar objetos.
El .... es el sentido **del que** depende el equilibrio.
La .... es la parte del cuerpo **con la que** saboreamos la comida.

¿Recuerdas?

Un plato **que** me gusta...
La ciudad **donde** vivimos...

Las frases relativas se pueden combinar con preposiciones. En este caso se usa el artículo entre la preposición y **que**.

✎ 3, 4

b. Completa las frases. Luego, en grupos de tres, comentad vuestras respuestas.

Un objeto sin el que no sales de casa: ....
Un examen del que tenías mucho miedo: ....
Un lugar al que no quieres volver: ....
Un animal al que tienes miedo: ....

c. ¿Hay nombres de objetos que no sabes en español y te gustaría saber? Pregunta a tu profesor/a sin utilizar tu lengua materna.

- ¿Cómo se llama el objeto con el que se abre una botella de vino?

¿Recuerdas?

Cuando nos falta una palabra, podemos dar una descripción.

Con más de un sentido

6 a. ¿Te gusta ir al zoo? ¿Por qué (no)? ¿Cuándo fuiste por última vez?
¿Qué animales viste? ¿Piensas que una persona invidente puede disfrutar de una visita al zoo?

b. Lee este artículo y marca todas las palabras relacionadas con los sentidos.
Después, escríbelas en la tabla de la página 62.

Otra forma de mirar

Lily Aranda perdió la vista a los 15 años por culpa de un accidente. En 1988 empezó a trabajar como telefonista en el zoo de Buenos Aires. Todos los días disfrutaba del lugar a su manera, identificando los recintos de los animales por los olores y sonidos. Después de dos años atendiendo el teléfono, propuso al director organizar visitas para personas en la misma situación que ella, y así se convirtió en la primera guía de zoo para invidentes.

"Yo sé hacer ver a los que no ven porque soy una de ellos", dice Lily. "Hay dos tipos de invidentes: los que vieron alguna vez y los que nunca vieron." Y para estos últimos utiliza una detallada técnica de descripción: "Estamos frente al recinto de los elefantes, que miden 3 metros de alto y 5 de largo. El elefante tiene una trompa muy larga, orejas también enormes. No existe en la naturaleza otro animal parecido." Y entonces les da un elefante de peluche que se van pasando y tocando para que se hagan una idea de cómo es. "El de verdad pesa 3.000 kilos, ¿os imagináis?"

En la visita ningún animal queda fuera, desde los salvajes hasta los domésticos. Lo que más disfrutan los visitantes es tocar con las manos (es su forma de ver). Para eso entran al recinto de las llamas –que son muy educadas y no escupen– o al recinto de los animales domésticos y les acarician el pelaje. Además, les dan de comer.

De este modo, el paseo organizado por una guía invidente es una experiencia única para conocer el mundo de los animales de una manera diferente, a través del tacto, oído y olfato. Además, también los acompaña una persona que ve, para que no se produzcan accidentes.

Adaptado de Julian Varsavsky en Página 12

c. Relaciona las partes de frases para resumir el texto.

causa, fin y consecuencia
Como (a principio de frase) porque por + sust. / infinitivo
para + sust. / infinitivo para que + subjuntivo
así que

Lily es la primera guía de zoo en el mundo	**para** acariciarlas y darles de comer.
Perdió la vista a los 15 años	**para** personas invidentes
Lily identifica los recintos de los animales	**para que** los visitantes se hagan una idea.
Trabaja en el zoo desde 1988	**por** culpa de un accidente.
Los visitantes entran al recinto de las llamas	**por** los olores y sonidos.
Les da un elefante de peluche	Lily sabe hacer ver a los que no ven.
Las llamas se consideran "muy educadas"	**porque** no escupen.
Como es una de ellos,	**así que** lo conoce muy bien.

d. Un juego en parejas: formar frases.
Por turnos, cada jugador formula una opinión sobre el zoo uniendo dos casillas con uno de los conectores de la derecha. El jugador que ha formulado una frase tacha las casillas usadas. Gana quien ha usado primero tres conectores diferentes.

- Muchos animales nacen en el zoo, **así que** no conocen otro entorno.

hacer un trabajo muy útil	reproducirse	ser una tortura	estar en peligro de extinción
nacer en el zoo	tener una función importante	estar encerrados	estudiar la vida de los animales
informar sobre los animales y su forma de vivir	ponerse agresivos	contribuir a la biodiversidad	no conocer otro entorno
no poder vivir en libertad	tener una función educativa	no vivir en su entorno natural	hacer muchos esfuerzos

conectores

como
porque
por
para
para que
de modo que
así que
por eso

= los animales
= el zoo

7 a. Un reportaje sobre las "cenas a ciegas" en un restaurante. 23
Escucha y toma notas sobre estos aspectos. Luego compara con un/a compañero/-a.

- los camareros
- la experiencia de Judit
- los objetivos de la iniciativa
- las consecuencias

b. A la guía del zoo le ayuda el oído para orientarse y es muy sensible a los ruidos.
Y tú, ¿qué ruidos encuentras agradables o desagradables?

fútbol | tráfico | niños jugando | pájaros | un río | tormenta | música tecno | olas en la playa | lluvia | máquina de café | reloj de cuco | despertador

c. Tu profesor/a lee estas preguntas. Escribe tus respuestas en un papel.
Después, en grupos de tres, cada uno pasa su papel al compañero de su derecha, que comenta el "perfil musical" que ha recibido. Se pueden hacer preguntas a cada "autor" para que aclare sus respuestas.

TU PERFIL MUSICAL

¿Cuándo escuchas música?
¿Qué tipo de música te gusta?
¿Qué tipo de música te relaja?
¿De qué cantante o grupo tienes más de tres CD?
¿Te bajas música de internet?
¿Te gustan las grabaciones en directo?
¿Qué cosas haces escuchando música?
¿Cuál fue tu primer disco?
¿Hay una canción o una melodía que te recuerda un momento especial de tu vida?

hablar de música

El ritmo / la melodía de…
Esta música me relaja.
¿Puede bajar / subir el volumen?
Me duelen los oídos cuando escucho…
Escucho música cocinando.
Me gustaría tocar el piano.

oír: percibir sonidos por el oído.
¿Oyes el canto del pájaro?

escuchar: prestar atención a lo que se oye.
Escucha esta canción.

5-7

¿A qué sabe?

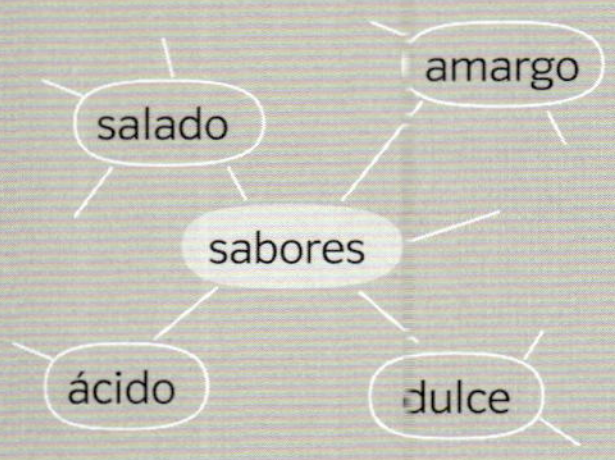

8 a. ¿Quién encuentra en tres minutos el máximo de productos dulces, salados...?
Haz una mapa asociativo en tu cuaderno y luego compara con tus compañeros/-as.

b. Completa estas frases. Luego compara y coméntalas con dos compañeros/-as.

Para mí la mejor cocina del mundo es...
Un postre delicioso es...
La vida sin restaurantes sería...
La comida vegetariana me parece...
Algo que me gustaría probar es...
Nunca probaría...
Cocinar para mí significa...
De niño/-a no me gustaba comer...

9 a. ¿Son las hamburguesas de Hamburgo?
Algunas comidas llevan nombres de países, regiones o ciudades. ¿Conoces estos platos? ¿Cuáles son sus ingredientes?

salchicha de Frankfurt | ensaladilla rusa | arroz a la cubana | tarta vienesa | crema catalana | pizza hawaiana | cocido madrileño | filete a la milanesa

hablar de gustos y comida

Me gustaría probarlo.
Nunca he probado...
Me parece muy amargo.
Tiene buena pinta.
Tiene un aspecto asqueroso.
Soy alérgico a...

b. Sin leer el texto, mira las fotos de los tres platos. ¿Cómo te los imaginas?
¿Qué piensas que llevan? ¿Te apetece probar alguno?

c. Lee ahora los textos y marca todos los ingredientes. ¿Cuáles conoces?
¿Era correcta tu primera impresión?

Ceviche Se prepara con pescado crudo cortado en dados y con cebolla roja, jugo de limón, sal y un poco de ají. Se sirve con camote dulce y choclo.

Pachamanca Un plato de diferentes tipos de carne acompañados de verdura, que se prepara bajo tierra al calor de piedras calientes. La preparación es un ritual festivo que expresa el agradecimiento a la madre tierra.

Juane Un arroz perfumado gracias a una gran variedad de especias: pimienta, cilantro, orégano... Se mezcla con una pata de pollo, huevo cocido y aceitunas, y se le da la forma de una bola. Se envuelve en hojas de bijao, una planta tropical.

España	Latinoamérica
pimiento	ají
maíz	choclo
boniato	batata / camote
vaca	res
zumo	jugo

d. En parejas. Describe un plato de tu país o región. El otro adivina qué es.

e. ¿Hay alguna comida de tu país que no suele gustar a los extranjeros?

Contáctenos | Enlaces | Videos

Perú, mucho gusto

- Cocina
- Platos
- Pisco
- Ingredientes

La cocina peruana **es considerada** una de las más variadas y ricas del mundo. Gracias a la herencia de los incas y a la inmigración española, africana, china, japonesa e italiana, **uno se encuentra** con una situación única: existen comidas y sabores de cuatro continentes en un solo país y eso desde el siglo XIX. Productos básicos como la papa y el maíz o pescados y mariscos **eran utilizados** ya durante el Imperio incaico. A partir del siglo XVI **se añadieron** otros productos de origen europeo como el pollo, carne de res y frutas como naranjas y limones.

El ingrediente principal es la papa, que **se produce** desde hace 8.000 años, y **se ha adaptado** a los más diversos climas. Hay unas 4.000 variedades. En Perú **aman** la papa amarilla, que no **se puede conseguir** en ninguna otra parte del mundo. Además, **cultivan** 35 variedades de choclo (maíz). Por esta razón hay muchas formas distintas de prepararlo.

En los últimos 20 años la cocina peruana **se ha transformado** en una de las mejores del mundo. Este gran cambio **ha sido realizado** por cocineros populares autodidactas como los *nikkei* (peruanos de origen japonés) y los chefs formados en las grandes escuelas culinarias francesas. Por eso en Perú decimos: "Si realmente existe un sexto sentido, en Perú **hay que** contar dos veces el del gusto."

10 **a. Lee esta página web sobre la cocina peruana y busca un título para cada párrafo. Luego entre todos se eligen los mejores títulos.**

8–10

b. ¿Cuáles son las informaciones que más te interesan?

c. Fíjate en las expresiones del texto que están en negrita y completa las frases.
¿Encuentras otro ejemplo para cada caso?

expresar impersonalidad	
voz pasiva	La cocina peruana .... una de las más variadas.
se + 3ª persona	La papa .... desde hace 8.000 años.
3ª persona plural	En Perú .... la papa amarilla.
uno (+ **se**) + 3ª persona	**Uno se encuentra** con una situación única.
hay que + infinitivo	En Perú .... dos veces el gusto.

La voz pasiva con **ser** existe en los diferentes tiempos:
El pescado ya **era utilizado** en la cocina de los incas.
El cambio **ha sido realizado** en los últimos 20 años.

11–13

11 **El gusto es nuestro.**
En grupos de tres, hablad de la cocina de vuestro país teniendo en cuenta los siguientes aspectos. Una persona del grupo toma notas y presenta los resultados.

- influencias extranjeras
- productos típicos
- especialidades regionales
- cocineros famosos
- costumbres
- tendencias actuales (productos ecológicos, comida rápida…)
- restaurantes de moda

Tarea final Nuestra ciudad con todos los sentidos

Portfolio
Guarda el folleto en tu dosier.

La oficina de turismo de vuestra ciudad os pide ayuda para hacer un folleto publicitario. Tenéis que organizar una visita a vuestra ciudad con los cinco sentidos.

1. En grupos de tres. Decidid qué aspectos de vuestra ciudad invitan a visitarla con todos los sentidos.
2. Planificad el folleto, decidid qué fotografías queréis incluir en él y escribid un pequeño texto siguiendo el modelo.
3. Cada grupo presenta el folleto al resto. Los otros lo comentan y se eligen las mejores propuestas.

Descubra ....
a través de los sentidos

En su recorrido por… no deje de ver los monumentos como… y… o subir a… para una vista panorámica de la ciudad.

Para saborear nuestra ciudad nada mejor que los restaurantes del barrio…

El perfume de las flores del jardín botánico…

Descubra los sonidos de las fuentes, por ejemplo en la plaza… o disfrute de un concierto en…

Para descansar del recorrido recomendamos la piscina con agua termal o un masaje…

Amor imposible

Capítulo 5: Un diálogo difícil 24

Hola. ¡Menos mal que has llegado puntual!
Tenemos un problema. Uno de los actores, el que tiene el papel de Sergio Cortés, todavía no ha llegado. Acaba de llamar y dice que está todavía en la autopista en un atasco de tráfico. Bueno, yo creo que se ha dormido, pero eso ahora no importa.
Lo importante es que tenemos que ensayar la escena. Aquí tienes una parte del diálogo entre Sergio Cortés y su padre, Manuel Cortés.
Busca a una persona para leer juntos los textos. ¿Quién representa a Manuel y quién a Sergio Cortés? Es muy importante que los leas con la entonación adecuada y con un poco de pasión.

M: Pero, pero… eso que dices es absurdo. Pensaba que ya habías abandonado esas ideas.
S: Ya ves que no es así.
M: ¿Es por ella, verdad? ¿Es ella quien te ha metido estas ideas en la cabeza?
S: Te equivocas, papá. Las ideas no las he abandonado nunca. Sabes que siempre he querido ser músico.
M: Creía que por fin habías entendido que era solo un sueño, que tu lugar está aquí, en la empresa familiar.
S: No, mi lugar está en la música y al lado de Amalia.
M: Hijo. La vida no es un jardín de rosas y los sueños de nuestra juventud no se cumplen.
S: Hay que luchar por ellos.
M: ¡Bah! Romanticismos. Olvídalo.
…
M: Tú harás lo que yo te digo o de lo contrario te quedarás en la calle. ¿Es eso lo que quieres?
S: Si ella está conmigo, no me importa nada.

¡Fantástico! Lo has hecho muy bien. Escucha ahora la grabación definitiva.
Por cierto, no olvides el resumen del capítulo. Gracias.

Con sabor

El vino

Blanco, tinto, rosado. Seco, dulce, semi-seco. Ligero o con cuerpo. Con madera, joven, fresco, con sabor a fruta… El mundo del vino es también un mundo de adjetivos que intentan describir su sabor, su olor y su color.

■ *¿Te gusta el vino? ¿Tienes un vino favorito? ¿Con qué palabras lo describirías?*

Hablar de vino no solo es hablar de los sentidos, sino también de cultura. El vino tiene una larga tradición. Ya se producía en el año 6.000 antes de Cristo y desde entonces ha formado parte de la vida cotidiana como bebida, como ingrediente de numerosas recetas de cocina y también en rituales mágicos o religiosos. En Europa se pueden distinguir dos "culturas", la cultura de la cerveza (al norte) y la cultura del vino (al sur).

■ *¿Es tu región de vino o de cerveza? ¿Qué bebida prefieres tú?*

España es uno de los mayores productores de vino del mundo. Entre los vinos españoles más famosos se encuentra, por supuesto, el de La Rioja, pero existe una gran variedad. Así, tenemos por ejemplo los tintos de la Ribera del Duero, los blancos gallegos como el Albariño, los catalanes del Penedés y los excelentes cavas.

Un caso especial es el vino de Jerez, que normalmente se asocia con el aperitivo. Tiene muchas variedades, desde las secas como el llamado "fino" hasta las dulces como el "moscatel". Lo que muchos no saben es que, además de abrir el apetito, puede acompañar los postres o tomarse como copa, de noche. El vino de Jerez se sirve en unas copas especiales, que se llaman "catavinos".

■ *¿Conoces algún vino español? ¿Tienes alguno favorito? ¿O prefieres vinos de otras zonas?*

Actualmente cada vez son más conocidos los vinos argentinos y chilenos, vinos de gran calidad. Argentina y Chile ya se cuentan entre los primeros productores mundiales. ¿Sabes cuáles son los tres principales productores? ¿Una pista? Los platos típicos de estos tres países empiezan con la letra "p": pasta, paté, paella. Fácil, ¿verdad?

■ *Pero, ¿sabes en qué país se consume más vino por persona? Si quieres saberlo, mira abajo. ¿Sorprendido/-a?*

La cosecha del vino se llama "vendimia". En todas las regiones productoras de vino se celebran fiestas después de la vendimia. En España hay muchas fiestas del vino, pero la más famosa es seguramente la "Batalla del vino" el 29 de junio en Haro (La Rioja). En esta fiesta los participantes (que al principio van vestidos de blanco) se "duchan" unos a otros con vino hasta que todos estén completamente mojados. En esta batalla se usan unos 20.000 litros de vino.

En Argentina es muy conocida la Fiesta Nacional de la Vendimia de Mendoza, una de las mayores fiestas del vino en el mundo. En Chile son cada vez más populares las "noches del vino", que se celebran por todo el país para dar a conocer los excelentes vinos del país tanto a los chilenos como a los turistas.

en una bodega de Jerez

■ *¿Existen fiestas del vino en tu país? ¿En qué regiones o ciudades?*

La etiqueta de una botella de vino nos da información muy útil:

- la marca
- la denominación de origen
- el año de la cosecha
- el grado de alcohol
- el volumen contenido
- la bodega

■ *¿Puedes identificar esta información en la etiqueta?*

En el Vaticano

Comunicación

Hablar de los cinco sentidos

los sentidos:	la vista	el oído	el olfato	el gusto	el tacto
percibir:	ver	oír	oler	gustar, saborear	tocar, sentir
los órganos:	el ojo	el oído / la oreja	la nariz	la lengua	la piel

Hablar de olores

Huele bien.
Huele mal.
Apesta.
Huele a pescado.
Tiene olor a…
Tiene el aroma de…

Hablar de sabores

Es [dulce. / salado/-a. / amargo/-a. / ácido/-a.
Sabe a…
Tiene sabor a…

Hablar del aspecto y sonido

Se ve bonito / feo.
Es brillante.
Tiene un aspecto…
Es el ruido de…
Suena como…
Tiene el sonido de…

Hablar de la forma y textura

Es [blando/-a. / duro/-a. / liso/-a. / redondo/-a. / rectangular. / cuadrado/-a.

Hablar de música

Este tipo de música me relaja / me pone nerviosa.
¿Puede bajar / subir el volumen?
Escucho música cocinando.
Me encantaría tocar el saxofón.

Hablar de comida

Tiene buena pinta.
Tiene un aspecto asqueroso.
Me parece bastante amargo.
Es delicioso.
Me gustaría probarlo.
Nunca he probado…
¿Me puede dar la receta?
No, gracias, soy alérgico a…

Gramática

Verbos irregulares

	oler	oír
yo	huelo	oigo
tú	hueles	oyes
él / ella / usted	huele	oye
nosotros/-as	olemos	oímos
vosotros/-as	oléis	oís
ellos / ellas / ustedes	huelen	oyen

Frases relativas con preposición

La vista es el sentido **con el que** vemos.
Las manos son partes del cuerpo **sin las que** no podemos tocar objetos.
El oído es el sentido **del que** depende el equilibrio.
La lengua es la parte del cuerpo **con la que** saboreamos la comida.
La manzana es una fruta **a la que** soy alérgico/-a.

Las frases relativas se pueden introducir por medio de preposiciones. Para ello se usa la estructura preposición + artículo determinado + **que**:
Es una fruta **que** me gusta. Soy alérgico **a** esta fruta. → Es una fruta **a la que** soy alérgico.

Expresar causa, fin y consecuencia

Lily es la primera guía de zoo **para** personas invidentes.	**para** + sustantivo
Entran al recinto de las llamas **para** acariciarlas.	**para** + infinitivo
Las llamas se consideran "muy educadas" **porque** no escupen.	**porque**…
Lily identifica los recintos de los animales **por** los olores y sonidos.	**por** + sustantivo
Como ella también es invidente, sabe hacer ver a los que no ven.	**Como**…
Trabaja en el zoo desde 1988, **así que** lo conoce muy bien.	**así que**…
Les da un elefante de peluche **para que** los visitantes se hagan una idea.	**para que** + subjuntivo

Expresar impersonalidad

La cocina peruana **es considerada** una de las más variadas.	voz pasiva
La patata **era utilizada** ya en el Imperio incaico.	voz pasiva
La papa **se cultiva** desde hace 8.000 años.	**se** + 3ª pers.
En Perú **aman** la papa.	3ª pers. plural
Uno se encuentra con una situación única.	**uno** (+ **se**) + 3ª pers.
Hay que contar dos veces el gusto.	**hay que** + inf.

La pasiva se puede formar con todos los tiempos verbales, y se usa principalmente en el lenguaje escrito. En el lenguaje oral usamos preferiblemente la construcción impersonal **se** + 3ª persona del verbo.

De todo corazón

Salvador Dalí y Gala

Don Quijote y Sancho Panza

Juan y Evita Perón

describir el físico y el carácter de una persona • hablar de estados de ánimo • expresar sentimientos y sensaciones • hablar de relaciones y conflictos personales

7

Diego Rivera y Frida Kahlo

1 a. Parejas que han hecho historia.
¿Conoces a los personajes de las fotos? ¿Qué sabes de ellos?

b. Estas son otras parejas famosas. Elige una de ellas y descríbela sin mencionar los nombres. Quien primero adivine quiénes son, continúa describiendo a otra pareja.

Romeo y Julieta
Tarzán y Jane
Caín y Abel
Hansel y Gretel
Sherlock Holmes y el Dr. Watson
Stan Laurel y Oliver Hardy
Ginger Rogers y Fred Astaire
Napoleón y Josefina
Astérix y Obélix
Chopin y George Sand
Elizabeth Taylor y Richard Burton
César y Cleopatra

- Son personajes literarios / personas reales. Son hermanos / los protagonistas de...

Tal como somos

2 a. Observa el cuadro. ¿Reconoces a las personas?
Luego cierra el libro. En parejas, intentad recordar el mayor número posible de detalles.

b. Frida, una mujer con pasión.
Lee el texto y subraya todas las palabras para describir el aspecto físico y el carácter. Compara con el cuadro.

El primer encuentro (1922)

Ella tiene 14 años y cojea de la pierna derecha. Tiene la piel muy blanca, los ojos grandes y negros, lleva el pelo corto y un sombrero de paja. Es una chica inteligente y sensible. Tiene una figura frágil y delgada.

Él ya es famoso en todo el mundo, es una estrella. El gobierno le ha pedido pintar un mural en el instituto donde estudia Frida. Allí ella lo ve por primera vez. Él es abierto, generoso y muy hablador, pero algo excéntrico. Deja que lo miren mientras trabaja y cuenta historias de los primeros mexicanos, de los conquistadores, de Europa, de la belleza. Diego adora a las mujeres, dice que todas son irresistibles e intrigantes.

Su aspecto es único: muy alto y gordo con una barriga inmensa, ojos saltones, una boca grande, feísimo, todo en él es exagerado. Pero Diego tiene una risa fuerte y contagiosa que lo hace simpático. Su ropa está siempre arrugada y nunca se separa de su sombrero.

Cuando termina su trabajo, dice "Buenas noches" y se va. Más tarde, comiendo un helado con sus amigas, Frida dirá: "Algún día tendré un hijo con Diego Rivera". "Estás loca", es la reacción de sus amigas, "no puede ser: un elefante y una paloma".

Adaptado de Rauda Jamis: "Frida Kahlo"

¿Recuerdas?

Es alto/-a, moreno/-a…
Tiene los ojos azules…
Tiene / lleva el pelo largo, corto, liso, rizado…
Lleva barba, bigote…

Es inteligente, abierto/-a…

c. "El elefante y la paloma": ¿cómo son?
Vuelve a leer el texto y completa el cuadro. ¿Qué otras palabras puedes añadir?

aspecto físico	carácter

d. Un concurso. ¿Quién menciona primero a una persona conocida por todos que…

- tiene barba?
- es pelirroja?
- es muy bajita?
- llevaba siempre gafas redondas?
- es un poco excéntrica?
- es muy inteligente?

1–3

3 **a.** Ser **o** estar**, esa es la cuestión.**
Observa el uso de **ser** y **estar** con adjetivos y completa la regla. ¿Qué otros usos de estos verbos conoces?

ser + adjetivo	estar + adjetivo
Diego **es** alto y gordo. Frida **es** inteligente y sensible. **Es** famosa por sus autorretratos.	Su ropa **está** siempre arrugada. Frida **está** enferma. No **está** celosa de las aventuras de Diego.

¿Recuerdas?

Para hablar de características propias se usa ....
Para hablar del estado actual se usa ....
Frida **es** sensible.
¡Qué sensible **estás** hoy!

b. ¿Has visto la película "Frida"? ¿Te acuerdas de la actriz principal?
Completa el texto con las formas de **ser** o **estar** en los tiempos adecuados.

GENTE Y TV // Sociedad // Celebridades

FRIDA EN MADRID

Agencias

La actriz mexicana Salma Hayek .... en Madrid disfrutando con su familia de unas breves vacaciones. Salma, que además de actriz .... productora de cine, todavía .... reconocida por la gente en la calle por su papel en "Frida", la película por la que .... nominada a los Oscar de 2002. "No .... cansada de que me asocien con Frida. .... mi papel más complicado, pero también el más importante. Yo tenía que .... Frida. .... una idea fija desde que .... en el instituto. Sé que algunos no .... contentos con el resultado final, pero yo no quería hacer una biografía, sino contar una historia de amor y representar a una mujer excepcional que 'no .... enferma, sino rota' y que .... alegre incluso en sus peores momentos de dolor."

4 **¿Quién soy?**
Escribe en una tarjeta el nombre de una persona conocida. Tu profesor/-a recoge las tarjetas y pega en la espalda de cada estudiante una de las tarjetas de manera que no pueda verla. Haced preguntas a los compañeros/-as para adivinar su identidad. Se contesta solamente con **sí** o **no**.

5 **¿Cómo te sientes en estas situaciones?**
Puedes usar los siguientes adjetivos. Luego piensa en una situación para uno de los adjetivos que no has usado y preséntala al grupo.

agradecido/-a | enfadado/-a | harto/-a | contento/-a | deprimido/-a | celoso/-a | triste | aburrido/-a | preocupado/-a | de buen humor | de mal humor

Un colega ha invitado a todos los demás a su nueva casa menos a ti.
Tu pareja ha olvidado tu cumpleaños.
Te enteras de que han ingresado a un amigo tuyo en el hospital.
Tu vecina ha cuidado tu gato durante tus vacaciones.
Tu novio/-a baila toda la noche con otra persona.
Suena el teléfono y se han equivocado de número por tercera vez.

✎ 4, 5

Los adjetivos que describen un estado de ánimo se suelen usar con **estar**. Algunos se pueden usar con **ser** o **estar** según la perspectiva:
Es celoso. (de carácter)
Está celoso. (en una situación concreta)

Entre cuatro paredes

6 a. Las personas de las fotos viven en la misma finca. ¿Cómo piensas que es la relación entre ellas? ¿Qué problemas pueden tener?

b. Juego de lógica: ¿Quién vive dónde en el edificio?
Lee los textos y haz un dibujo de la finca apuntando en cada piso quién vive ahí.

ZOILA tiene un estudio de yoga en el primero izquierda. Le encanta la tranquilidad y no soporta que los estudiantes de arriba hagan fiestas y pongan la música tan alta. Es independiente y una feminista convencida.

ERNESTO es un joven ejecutivo. Cada mes tiene una novia diferente. A Ana, que trabaja en la oficina de abajo, siempre le pide favores: que le compre el periódico, que le suba el correo… Les cae mal a todos excepto a Ana.

LOS PARDO son una familia numerosa. A la portera no le gustan nada sus perros. Le molesta que ensucien la escalera. Afortunadamente sus vecinos de enfrente son unos estudiantes muy tolerantes.

ANA está haciendo unas prácticas en la agencia de publicidad del primero. Empezó hace un mes y se lleva muy bien con sus colegas. Es sociable y está enamorada de Ernesto, el vecino que vive en el ático.

CARLA es estudiante de Veterinaria. Vive con otras dos compañeras y adora a los perros de sus vecinos. Su piso siempre está lleno de gente porque hacen muchas fiestas. Se olvidan de cerrar los grifos del baño, dejan basura en la escalera… Según la portera son un desastre.

hablar de relaciones

Me llevo bien / mal con…
Mi vecina me cae bien.
Tengo una buena relación con Carla.
Somos muy amigas.
Nos entendemos bien.
No soporto a mi vecino.
Me molestan los perros.

c. Piensa en tus vecinos de edificio o del barrio y completa las frases.
Luego coméntalas con un/a compañero/-a. ¿Tenéis algo en común?

Me llevo bien con…
Me alegro cuando…
Cuando los vecinos me piden…
Un vecino que me cae bien es… porque…

Con los propietarios de la casa…
Estoy de mal humor cuando…
Me molesta que los vecinos…
No soporto…

7 **a. ¿Sabes qué significa "cotillear"? En España el prototipo de la cotilla es la portera.**
Vas a escuchar un diálogo entre la portera de la casa y Ana, la chica que hace las prácticas. ¿Sobre qué piensas que va a hablar la portera?

✎ 6, 7

b. Escucha la conversación y toma notas de lo que se dice de estos vecinos. ⏭ 25

Sr. Ramírez: ....

Zoila: ....

Ernesto: ....

Sr. Pardo: ....

c. ¿Qué le molesta a la portera? Escucha otra vez y anótalo.

8 **a. ¿Quién encuentra primero a una persona del grupo para cada aspecto?**
Apunta el nombre y una información adicional. Luego presenta algunos resultados.

¿Hay alguien en el grupo…	Nombre	Información
… que tenga las llaves de un vecino?		
… que recoja el correo para los vecinos?		
… que riegue las plantas de sus vecinos?		
… que haga las compras para una persona mayor?		
… que organice fiestas con sus vecinos?		
… que se lleve mal con un vecino? ¿Por qué?		
… que cuide el perro / gato / pájaro de sus vecinos?		
… del que los vecinos se quejen? ¿Por qué?		

- Laura recoge el correo de su vecina cuando está de viaje.
  No he encontrado a nadie que haga las compras para una persona mayor.

b. Frases relativas. Observa las frases y completa la regla.

indicativo	subjuntivo
Vivo en una casa que **es** muy céntrica. La familia del 2° piso **tiene** dos perros.	Busco una casa que **sea** más tranquila. En mi casa no hay nadie que **tenga** perro.

En las frases relativas se usa el .... para hablar de cosas concretas que conocemos o existen. Para referirnos a cosas que no existen o que no sabemos si existen, usamos el ....

✎ 8, 9

9 **Se busca un nuevo vecino.**
Completa el anuncio con los verbos adecuados en indicativo o subjuntivo.

¿Estás buscando un piso que .... en el centro de Murcia y solo encuentras pisos que .... a 20 km y sin conexión? ¿Quieres compartir tu vida con compañeros que .... normales y solo encuentras a gente complicada que .... organizar tu vida? ¿Quieres un piso a un precio razonable que .... pagar y solo te ofrecen habitaciones que .... una fortuna?

¿Necesitas un piso que .... mucha luz y solo ves pisos que .... al patio interior?

No busques más. Somos dos arquitectos agradables y nada complicados. Tenemos amplio salón comedor, cocina, 2 baños, patio y jardín. Precio: 258 euros + gastos (agua, luz, gas natural e internet). A 10 minutos del centro y enfrente de la parada del autobús 90. ¿Interesado? Llama al 06 80 35 55 12 44 08.

La vecindad es fuente de amistad

10 a. "Quien tiene un amigo, tiene un tesoro."
Lee estos refranes sobre la amistad. ¿Con cuáles te identificas? Luego elige uno y explícalo con tus palabras. Los otros adivinan a cuál te refieres.

Del buen vecino sale un buen amigo.

Un amigo vale cien parientes.

Buenas cuentas conservan amistades.

El espejo y la amistad siempre dicen la verdad.

Si dices la verdad, pierdes la amistad.

Amigos, oros y vinos, cuanto más viejos, más finos.

En el peligro se conoce al amigo.

b. Contesta el cuestionario y comenta tus respuestas con dos compañeros/-as.

¿Qué tipo de amigo o amiga eres?

1 Para ti en la amistad es fundamental
- ☐ la comprensión y el apoyo.
- ☐ los intereses comunes y el tiempo compartido.
- ☐ el respeto y la confianza sin condiciones.

2 Pensando en tu mejor amigo/-a de la infancia
- ☐ te pones melancólico: nunca has vuelto a tener una relación igual.
- ☐ te pones de buen humor recordando las aventuras que vivisteis juntos/-as.
- ☐ lo / la recuerdas con cariño, pero fueron cosas de niños.

3 Si un amigo tuyo tiene algún problema,
- ☐ te pones triste igual que él.
- ☐ le escuchas y le muestras tu comprensión.
- ☐ le aconsejas y le ayudas a resolverlo.

4 Si un amigo tiene éxito en la vida,
- ☐ sientes una alegría inmensa.
- ☐ piensas que se lo merece, pero sientes un poco de envidia.
- ☐ le preguntas qué ha hecho para imitarlo.

5 La mayor parte de tus amigos
- ☐ comparten tus intereses y opiniones.
- ☐ tienen un carácter parecido.
- ☐ son bastante distintos a ti.

6 Si quieres hacer un regalo a un/a amigo/-a,
- ☐ nunca sabes qué regalarle.
- ☐ le regalas algo que a ti te gusta.
- ☐ sabes perfectamente lo que le va a gustar.

valores

la comprensión
el apoyo
el respeto
la confianza
la paciencia

expresar sentimientos

Me pongo triste / contento.

Siento [alegría. / envidia. / cariño.]

11 **a. ¿Quiénes son los amigos?** ⏭ 26
Escucha una entrevista y toma nota de los diferentes tipos de amistad. ¿Con cuál te identificas más?

b. Lee el texto y subraya todas las cualidades de un amigo. ¿Qué otras añadirías?

Para mí, la vida es como un tren en el que te encuentras con diferentes compañeros de viaje. Por eso creo que la amistad surge de forma espontánea. Es una relación especial entre personas que se sienten unidas por una experiencia en un momento concreto y logran crear un clima de confianza, comprensión y respeto. En mi tren imaginario suben y bajan los amigos constantemente. Tengo dos tipos de amigos: los antiguos, con los que he compartido la mayor parte del viaje, que han sido, son y serán mis amigos para siempre. Y los que la vida me regaló, que me han ayudado en los momentos difíciles.
Un verdadero amigo es el que te comprende y es capaz de ponerse en tu lugar. La amistad tiene que ser flexible: hay amigos con los que puedes mantener una conversación profunda y sin embargo no compartes gustos ni opiniones en otras cosas. Unos son deportistas, otros no. Unos se levantan temprano, otros se acuestan tarde. Más allá de estas diferencias, los amigos son los que te ofrecen su sonrisa, su cariño, su apoyo, su tiempo y su presencia cuando más lo necesitas. De hecho, para mí los verdaderos amigos son aquellos que te ayudan a mejorar en la vida.

Adaptado de "El País semanal"

c. En parejas. Decidid cuáles son las tres cualidades más importantes en la amistad.
¿Cuáles son las más mencionadas en todo el grupo?

12 **El juego de la amistad. Hablad de un amigo o una amiga. Tenéis 15 minutos.**
En grupos de tres. Se juega con una ficha y una moneda: cara = tres pasos; cruz = cinco pasos. Se puede mover en todas las direcciones. Cada uno/-a piensa en un amigo o una amiga y contesta la pregunta de la casilla a la que llega.

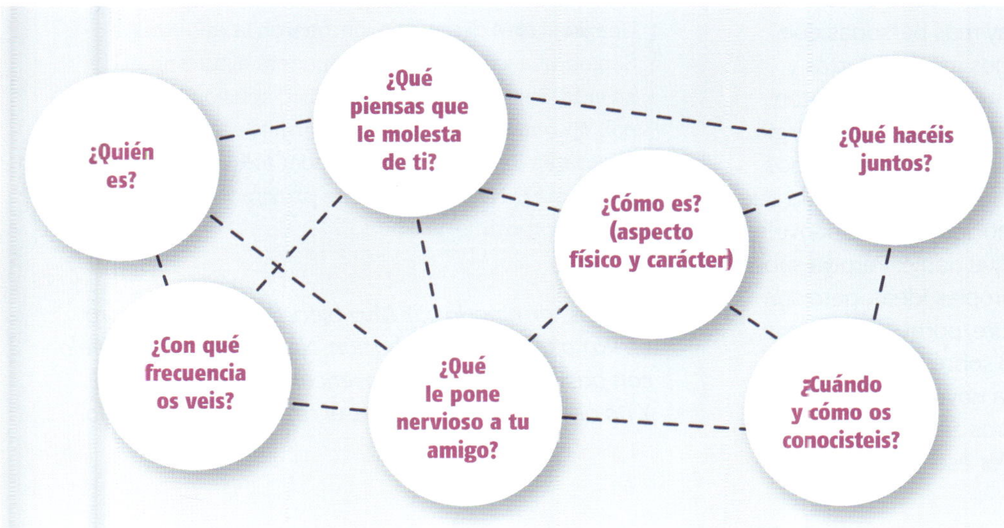

✎ 10 – 12

Tarea final Un poema sobre la amistad

Portfolio
Guarda el poema en tu dosier.

Todos somos poetas, ¿no crees? Es más fácil de lo que pensamos si seguimos el siguiente esquema. Aquí tienes un ejemplo.

1. Busca un ejemplo para cada uno de estos aspectos:
   - un animal
   - un color
   - un olor
   - un paisaje
   - un sentimiento
2. Empieza cada verso con "La amistad es..." y repite la palabra elegida en la próxima línea, añadiendo una información (adjetivo, frase relativa, etc.).
3. Termina el poema con un resumen, conservando las palabras en negrita como en el ejemplo.

La amistad

La amistad es un perro,
un perro que siempre me acompaña.
La amistad es amarilla,
amarilla como los rayos de sol.
La amistad es el olor de un pastel,
el pastel que preparaba mi abuela.
La amistad es una playa,
una playa infinita de arena.
La amistad es el cariño,
el cariño sin condiciones.

¿Qué es la amistad para mí?
La amistad es un perro que me
*acompaña **como** un sol amarillo,*
***que huele a** pastel; es una playa*
***donde hay** cariño sin condiciones.*

Amor imposible

Capítulo 6: Una decisión difícil 27

Nuestra radionovela está teniendo mucho éxito. ¿A ti qué te parece? Cada día hay más personas que la escuchan y la siguen. Recibimos muchas cartas y correos electrónicos de los oyentes que nos cuentan que siguen con emoción la historia de Amalia y Sergio. Pero nuestros patrocinadores dicen que necesitamos más público. Por eso, les he pedido a Raúl y a Nuria que preparen un anuncio para promocionar la radionovela, porque ellos la conocen mejor que nadie. Pero ya sabes cómo son: cada uno tiene sus propias ideas, pero son un equipo excelente. Casi siempre, porque han hecho lo que les pedí y me han dejado sobre la mesa la propuesta para un anuncio de la novela... Pero está incompleto. Han tachado palabras en el texto y no han puesto las nuevas en su lugar. Por eso necesito una vez más tu ayuda.

AMOR IMPOSIBLE, UNA RADIONOVELA APASIONANTE DE RADIO ESTRELLA.

Una [illegible] de amor e intrigas, en la que Amalia Santos, una joven [illegible], conocerá al [illegible] de su vida, Sergio Cortés, un hombre apasionado, pero con una [illegible] que no le permite esta relación. ¿Lograrán los enamorados vencer todos estos problemas? No se pierdan los próximos capítulos de "Amor imposible".

¿Lo has terminado ya? Muy bien. Lee el texto ahora en voz alta para la grabación. No seas tímido/-a, léelo con pasión, queremos convencer al público. Y no olvides, como siempre, el resumen del capítulo.

Con sabor

El azafrán

En octubre los campos de La Mancha se cubren de flores de color violeta. Es el momento de la cosecha de una de las especias más caras y apreciadas del mundo: el azafrán.

- *¿Conoces otras especias? ¿Cuáles te gustan más? ¿Hay alguna que no te guste nada?*

El azafrán se conoce desde la Antigüedad y siempre fue muy apreciado por su intenso aroma y su color. En el Antiguo Egipto se usaba para teñir las telas que envolvían a las momias. Los griegos y los romanos lo usaban para dar color a la ropa y para teñir el pelo. También se apreciaban sus cualidades medicinales porque el azafrán estimula el apetito, favorece la digestión, ayuda contra la tos y la bronquitis y, además, se dice que es afrodisíaco.

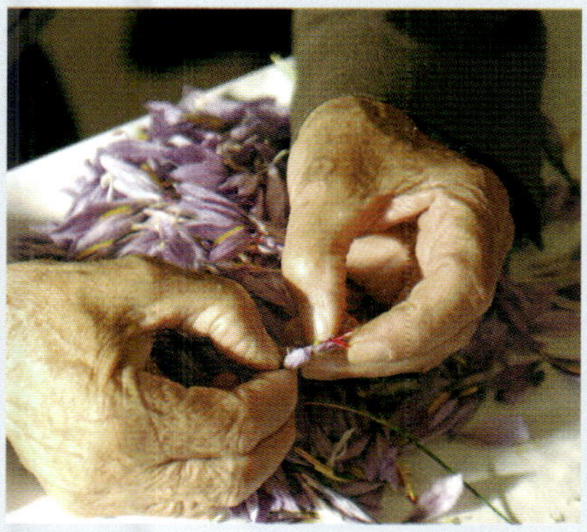

En España, los árabes introdujeron el cultivo del azafrán en el siglo X. La palabra "azafrán" es de origen árabe y significa "amarillo".

- *En español hay muchas palabras de origen árabe, ¿recuerdas alguna? ¿Hay palabras de origen árabe en tu lengua?*

El cultivo y la cosecha del azafrán son muy delicados. Las flores se recogen a mano y es importante hacerlo en las primeras horas de la mañana para evitar el calor del sol. Después, se sacan de la flor los tres hilos que contienen el azafrán. Para conseguir un kilo de azafrán se necesitan unas 200.000 flores. Por eso es tan caro y lo llaman "el oro rojo".

España es uno de los principales productores mundiales. El azafrán de La Mancha es uno de los más apreciados. En octubre, el mes de la cosecha, hay muchas fiestas para celebrarla. La más conocida es la Fiesta de la Rosa del Azafrán de Consuegra, en la provincia de Toledo. En esta fiesta hay bailes, concursos gastronómicos con especialidades de la cocina manchega y se organizan competiciones que consisten en separar el máximo de hilos de la flor en el menor tiempo posible. En esta ocasión se pone en funcionamiento un molino de viento del siglo XVI que se llama "Sancho" como el famoso personaje del Quijote.

- *¿Conoces otras fiestas asociadas a productos? ¿Hay alguna en tu región?*

En la cocina española el azafrán es un ingrediente muy apreciado, para sopas, salsas, la famosa paella y también para dulces. Arriba te presentamos una receta. ¿Por qué no la pruebas?

ARROZ A LA NARANJA

2 vasos de zumo de naranja
Ralladura de 1 naranja
½ vaso de arroz
8 hilos de azafrán
1 taza de almendras tostadas
Gajos de naranja sin piel
3 cucharadas de miel

Preparación: Cocer el arroz con el zumo y la ralladura de la naranja a fuego suave. Unos 15 minutos después, añadir la miel con el azafrán y dejar cocer unos 5 minutos hasta que esté a punto. Se sirve frío en copas y decorado con las almendras y los gajos de naranja.

Comunicación

Describir el aspecto físico de una persona

Es		Tiene	Lleva
alto/-a	bajo/-a	los ojos azules / verdes / marrones	el pelo corto / largo
gordo/-a	delgado/-a	el pelo liso / rizado / castaño / rubio	barba / bigote
rubio/-a	moreno/-a	la piel blanca / oscura	gafas
guapo/-a	feo/-a	una risa contagiosa	un piercing

Describir el carácter

Diego es: abierto. / generoso. / excéntrico. / hablador.

Es una persona: inteligente. / sensible. / irresistible. / intrigante.

Expresar sentimientos

Me pongo triste / contento cuando…

Siento: un poco de envidia cuando… / mucha alegría cuando… / mucho cariño por mi amigo Juan.

Hablar de estados de ánimo

Estoy: de buen / mal humor. / enfadado/-a. / preocupado/-a. / enamorado/-a. / aburrido/-a.

Me siento: bien / mal. / triste / alegre. / cansado/-a. / estresado/-a. / deprimido/-a.

Hablar de cambios del estado de ánimo

A veces me pongo / Esto me pone: triste. / nervioso/-a. / contento/-a. / celoso/-a. / de buen / mal humor.

Hablar de relaciones entre personas

relaciones positivas
Todos los vecinos se llevan bien.
Ana está enamorada de Ernesto.
Zoila me cae bien. Nos entendemos bien.
Carmen y yo somos muy amigas.
Tengo una buena relación con mis vecinos.

relaciones negativas
La vecina del segundo me cae mal.
Ernesto se lleva mal con todos.
Ernesto y la portera no se entienden para nada.
Se llevan como perro y gato.
No soporto a la familia del segundo piso.

Gramática

El uso de ser

ser + sustantivo	ser + adjetivo
Frida es una mujer inteligente.	Diego es alto y gordo.
Es una pintora extraordinaria.	Frida es frágil y sensible.
Diego es una persona excéntrica.	Es famosa por sus cuadros.

El uso de estar

estar + adjetivo
Frida está enamorada de Diego.
No está celosa de sus aventuras.
"Estás loca", dicen sus amigas.

En combinación con un sustantivo se usa siempre **ser**. Con adjetivos se usa **ser** cuando se habla de características esenciales y permanentes; y **estar** cuando se describe un estado o el resultado de un cambio. Dependiendo de la valoración subjetiva del hablante a veces se puede usar **ser** o **estar**:
Mi amiga Carmen **es** guapa y alegre, pero **es** un poco celosa. (*descripción de la persona*)
Pero Carmen, ¡qué guapa **estás** con este vestido! (*valoración subjetiva*)

Frases relativas con indicativo o subjuntivo

indicativo
Vivo en una casa **que es** muy céntrica, pero ruidosa.
En el 2° piso hay una familia **que tiene** un perro.
No me molesta el chico del ático **que toca** la guitarra.

subjuntivo
Quiero mudarme a un lugar **que sea** más tranquilo.
En la casa no hay nadie **que tenga** animales.
¿Conoces a alguien **que toque** la guitarra en la fiesta?

Cuando la frase relativa hace referencia a una persona o cosa conocidas se usa el indicativo.
Cuando hace referencia a algo que no conocemos o no sabemos si existe se usa el subjuntivo.

Mirador

Hemos pasado la mitad del libro. Ha llegado el momento de hacer una pausa y reflexionar desde el mirador sobre lo que hemos aprendido hasta aquí.

Hablamos de cultura: formas de hablar

1 a. ¿Qué cosas haces o no haces?
Si no te identificas con ninguna, puedes añadir otra. Compara luego con dos compañeros/-as y explica tu decisión. ¿Qué cosas tenéis en común? ¿Cuáles consideráis típicas de vuestro país?

1. Cuando veo a un amigo desde lejos,
   - ☐ grito para saludarlo.
   - ☐ cruzo la calle para hablar con él.
2. Cuando estoy con amigos en un bar,
   - ☐ no me importa si todo el mundo escucha lo que estamos diciendo.
   - ☐ intento hablar bajo para no molestar.
3. Si a las 10 de la noche suena el teléfono,
   - ☐ no contesto o explico que no puedo hablar.
   - ☐ contesto y charlo con la persona incluso si no tengo ganas.
4. Si en una conversación alguien interrumpe mucho,
   - ☐ me parece una falta de educación.
   - ☐ entiendo que muestra interés.
5. Si en una conversación la otra persona se acerca mucho o me toca,
   - ☐ me siento incómodo/-a.
   - ☐ está bien porque muestra simpatía.
6. Si alguien me pide un favor y no quiero hacerlo,
   - ☐ digo que no y doy una explicación.
   - ☐ digo que sí, aunque no sé si voy a hacerlo.

b. Lee ahora lo que cuenta una española. ¿Qué aspectos del cuestionario menciona?

“Siempre he tenido problemas en mi familia para hacerme escuchar porque hablo bajito. Cuando nos reunimos y hablamos todos a la vez, no consigo que me escuchen. Siempre me dicen: “Niña, habla más alto, que parece que tienes miedo”. Un tono de voz alto es tan típico de nuestra manera de conversar como la manía de hablar todos a la vez o de interrumpir.
Tengo un amigo holandés al que le molesta esta típica forma española de conversar. A él le extraña por qué hacemos tantas preguntas si luego no esperamos la respuesta. Después de una conversación me comentó un poco ofendido: “No me dejan acabar las frases”. Parece que en su país interrumpir se considera una falta de respeto.
Yo no me había dado cuenta porque para mí significa todo lo contrario: si una persona en una conversación no interrumpe para hacer preguntas o completar mis frases, tengo la impresión de que no le interesa realmente lo que estoy diciendo. Y a veces hasta dejo de hablar.”

c. ¿Y tú, hablas alto o bajo? ¿Qué efecto crees que tiene que una persona hable especialmente alto o bajo?

hablar de aspectos culturales • autoevaluación • terapia de errores • estrategias de aprendizaje • un texto literario que da que hablar

8

Ahora ya sabemos...

Aquí tienes la posibilidad de valorar lo que has aprendido en las últimas lecciones. Haz las tareas y luego marca el nivel que crees tener en cada tema.

2 Hablar para llegar a un acuerdo sobre un nuevo compañero de piso.

En parejas. Compartís piso y estáis buscando un/a nuevo/-a compañero/-a. De todos los interesados os han gustado estos tres candidatos. Anotad primero los pros y contras de cada uno y luego elegid a la persona adecuada.

1. Manuel, 45 años, músico, trabaja en casa. Le encanta la cocina. Tiene problemas con su espalda. Tiene un gato.
2. Adriana, 30 años, representante. Viaja mucho. En su tiempo libre le gusta pintar e ir al teatro.
3. Jesús, 30 años, psicólogo. Voluntario en una asociación contra el racismo. En su tiempo libre restaura muebles antiguos, pero no tiene taller.

!

En las lecciones anteriores habéis visto cómo se puede
- reaccionar a opiniones contrarias añadiendo o contrastando argumentos
- expresar probabilidad
- expresar causa, fin y consecuencia
- describir el carácter de una persona

Podéis consultar las páginas de resumen (58, 70, 82) para recordar las expresiones útiles antes de empezar la discusión.

3 Hablar para contar experiencias pasadas.

Habla tres minutos sobre una de estas experiencias. Puedes consultar tus notas mientras hablas, pero no leerlas.

La primera vez que...
- bebiste demasiado.
- fumaste.
- condujiste un coche.
- pasaste unas vacaciones sin tus padres.
- encontraste a una persona que te impresionó mucho.

!

Para prepararse conviene
- hacer un esquema con las circunstancias de la experiencia: cuándo fue, con quién estabas, dónde ocurrió, cómo te sentiste...
- repasar las expresiones para hablar de sentimientos y estados de ánimo

4 Escuchar para entender instrucciones. ⏭ 28 – 29

Escucha y marca en cada caso la frase que resume mejor la información del texto.

1. ☐ Es importante respetar una serie de reglas para poder trabajar bien en clase.
   ☐ Solo se puede entrar a la clase con el móvil apagado.
2. ☐ Para inscribirse en Facebook hay que enviar un formulario por correo.
   ☐ Para participar en esta red social la inscripción no es complicada.

5 Escribir un anuncio de búsqueda.

Estás buscando una persona hispanohablante como *au pair* para cuidar a tus hijos. Escribe un breve anuncio.

Terapia de errores

6 Mi diario de errores.
Una técnica útil para superar errores es escribir en un cuaderno los más frecuentes y los que te molestan. Lo puedes hacer durante la clase o en casa. Anota errores de tus textos escritos y los que cometes al hablar. Sigue completando tu cuaderno durante todo el curso y guárdalo en tu dosier.

ERROR	No creo que eso <u>es</u> verdad.	¿Puedes María prestar el diccionario?
CORRECTO	No creo que eso <u>sea</u> verdad.	¿(Le) puedes prestar el diccionario a María?
TIPO DE ERROR	Gramática: indicativo — subjuntivo	Orden de las palabras
¿CÓMO SUPERARLO?	Escribir una frase modelo y colgarla en un lugar bien visible	Repitiendo la frase en voz alta muchas veces

Zona estratégica: usar el diccionario

7 a. El diccionario no solo ayuda a entender el significado de una palabra. ¿Puedes encontrar las siguientes informaciones en este extracto de un diccionario fijándote en las abreviaturas y los símbolos?

el tipo de palabra (sustantivo, verbo, etc.)
el contrario
la pronunciación
el modelo de conjugación
el género de un sustantivo
ejemplos de uso
la preposición con la que se usa
el sentido figurativo

amanecer |amaneθer| **I.** s/m **1.** Tiempo en el que sale el sol: Me gusta levantarme al ≈ y ver salir el sol. **2.** fig Comienzo o principio: Estamos ante el ≈ de una nueva era. **II.** v/intr irr (crecer) **1.** Ir apareciendo la luz del día: Levántate, que ya ha amanecido. **2.**Despertarse: Amanecí en la cama. **3.** fig Empezar una nueva vida, p. ej. después de una enfermedad, una guerra, etc: Quizá algún día amanecerá en el Próximo Oriente.
SIN **I.1.** alba **II.1.** aclarar ANT **II.1.** anochecer

b. Para muchas palabras el diccionario nos suele dar diferentes opciones de significado.
En la próxima página vas a leer un fragmento de una novela. Aquí tienes ya una parte. ¿Qué significan las palabras marcadas aquí? Elige el significado adecuado según el contexto.

Se habían quedado hasta el amanecer **chismeando** con la [tía] recién llegada y **despachado** entre los tres una botella de Whisky. Les dolía la cabeza, mi tío Lucho se quejaba de que su oficina **andaría patas arriba**, mi tía Olga decía que era una vergüenza **trasnochar** fuera de sábados, y la recién llegada, en bata, sin zapatos y con ruleros, vaciaba una maleta. No le incomodó que yo la viera en esa **facha** en la que nadie la hubiera tomado por una reina de belleza.

chismear:
☐ contar chistes
☐ cotillear

andar:
☐ caminar, ir a pie
☐ estar

trasnochar:
☐ pasar la noche fuera de casa
☐ pasar la noche sin dormir, acostarse tarde

despachar:
☐ beber, acabar
☐ resolver

patas arriba:
☐ con la parte superior debajo
☐ en completo desorden

facha:
☐ aspecto
☐ fascista

Un texto literario que da que hablar

8 a. Primera lectura: familiarizarse con un texto literario.

En la novela "La tía Julia y el escribidor" se cuenta la relación amorosa de un joven escritor con una mujer de su familia, mayor que él, que la sociedad de Lima y su familia tratan de impedir. Lee este fragmento sin aclarar las palabras desconocidas, recordando que las preguntas **¿quién(es)?**, **¿dónde?**, **¿cuándo?**, **¿por qué?**, **¿cómo?**, **¿qué pasa?** te ayudan para una primera comprensión global de un texto. ¿Puedes hacer un dibujo de la escena y explicarlo a tus compañeros/-as?

Recuerdo muy bien el día que me habló del fenómeno radiofónico porque ese mismo día, a la hora del almuerzo vi a la tía Julia por primera vez. Era hermana de mi tío Lucho y había llegado la noche anterior de Bolivia. Recién[1] divorciada, venía a descansar y a recuperarse[2] de su fracaso[3] matrimonial. "En realidad, a buscarse otro marido", había dictaminado[4], en una reunión de familia, la más lenguaraz[5] de mis parientes, la tía Hortensia. Yo almorzaba todos los jueves donde el tío Lucho y la tía Olga y ese mediodía encontré a la familia todavía en pijama, cortando la mala noche con chorizos picantes y cerveza fría. Se habían quedado hasta el amanecer chismeando con la recién llegada y despachado entre los tres una botella de Whisky. Les dolía la cabeza, mi tío Lucho se quejaba de que su oficina andaría patas arriba, mi tía Olga decía que era una vergüenza trasnochar fuera de sábados, y la recién llegada, en bata[6], sin zapatos y con ruleros[7], vaciaba una maleta. No le incomodó[8] que yo la viera en esa facha en la que nadie la hubiera tomado por una reina de belleza.
–Así que tú eres el hijo de Dorita –me dijo, estampándome[9] un beso en la mejilla[10]– ¿Ya terminaste el colegio, no?
La odié a muerte. Mis leves[11] choques con la familia en ese entonces se debían a que todos se empeñaban[12] a tratarme todavía como un niño y no como lo que era, un hombre completo de dieciocho años. Nada me irritaba tanto como el "Marito", tenía la sensación de que el diminutivo me regresaba[13] al pantalón corto.

Mario Varga Llosa, La tía Julia y el escribidor, 1977

Mario Vargas Llosa, nacido en 1936 en Arequipa (Perú), es un importante intelectual y uno de los grandes representantes de la novela contemporánea. Su obra refleja la realidad social peruana y fue premiado en 2011 con el Premio Nobel de Literatura.

b. Segunda lectura: estas preguntas te ayudarán a entender más detalles del texto.

Vuelve a leer el texto para responder a estas preguntas. Tienes la explicación de algunas palabras desconocidas en la actividad 7b y otras abajo, pero en realidad no necesitas saberlas para contestar. Pruébalo y así verás que se puede disfrutar de un texto auténtico sin consultar mucho el diccionario.

¿Dónde está la tía Julia?
¿Con quién?
¿Por qué ha llegado de Bolivia?
¿Por qué están todos en pijama a mediodía?
¿Quién cuenta la historia?
¿Cuál es su impresión de la tía?

c. En grupos de tres. Hablad sobre estos temas y presentad los aspectos más interesantes a la clase.

¿Te han llamado por un diminutivo? ¿Te gustaba o te molestaba?
¿Qué (situaciones, comidas, costumbres, personas…) odiabas a muerte cuando eras niño/-a?
¿Recuerdas cómo eran las reuniones con la familia cuando tenías 18 años?
¿Te han prohibido tus padres alguna relación especial? ¿Prohibirías tú a tus hijos una determinada relación?

---

1 desde hace poco, **2** retomar fuerzas, **3** contrario de éxito, **4** dicho, **5** que habla sin miedo, **6** prenda de vestir, **7** rulo, **8** molestó, **9** dándome, **10** parte de la cara, **11** ligeros, **12** intentaban con fuerza, **13** hacía volver

Grandes momentos

describir fiestas y eventos • expresar buenos deseos • expresar posibilidad • dejar la decisión a otros • hablar de la belleza • valorar • opinar • expresar convicción

9

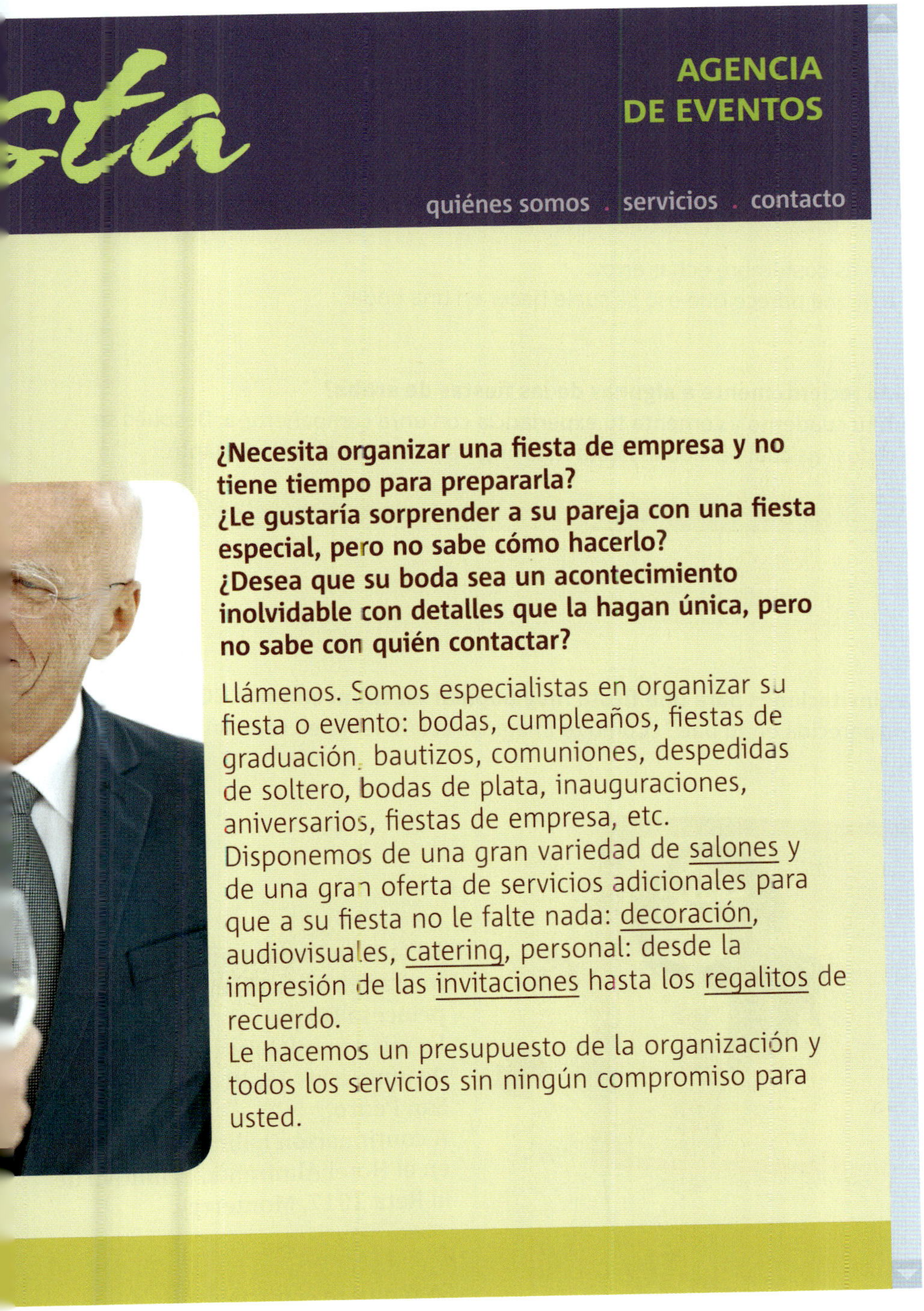

...sta

AGENCIA DE EVENTOS

quiénes somos . servicios . contacto

¿Necesita organizar una fiesta de empresa y no tiene tiempo para prepararla?
¿Le gustaría sorprender a su pareja con una fiesta especial, pero no sabe cómo hacerlo?
¿Desea que su boda sea un acontecimiento inolvidable con detalles que la hagan única, pero no sabe con quién contactar?

Llámenos. Somos especialistas en organizar su fiesta o evento: bodas, cumpleaños, fiestas de graduación, bautizos, comuniones, despedidas de soltero, bodas de plata, inauguraciones, aniversarios, fiestas de empresa, etc.
Disponemos de una gran variedad de salones y de una gran oferta de servicios adicionales para que a su fiesta no le falte nada: decoración, audiovisuales, catering, personal: desde la impresión de las invitaciones hasta los regalitos de recuerdo.
Le hacemos un presupuesto de la organización y todos los servicios sin ningún compromiso para usted.

1 **¿Qué servicios ofrece esta empresa? ¿Harías o has hecho uso de este tipo de servicio? ¿En qué ocasiones? ¿Te parece útil? Coméntalo con tus compañeros/-as.**

¡Que cumplas muchos más!

¡Que seáis muy felices!

¡Felicidades!

¡Que dure para siempre!

¡Enhorabuena!

¡Os deseo lo mejor para vuestro futuro!

Celebraciones especiales

2 a. ¿De qué celebración se trata? ¿Qué expresión usarías para felicitar?

1. Fiesta en la que se disfruta de una última noche antes de casarse.
2. Ceremonia civil o religiosa en la que una pareja se casa.
3. Se celebra cuando una pareja lleva 25 años casada.
4. Día en el que se cumplen años de un acontecimiento.
5. Celebración católica en la que los niños toman por primera vez la comunión.
6. En esta ocasión se celebra que una persona ha terminado sus estudios

b. ¿Se celebran estas fiestas en tu país? ¿Qué se hace o no se hace?

vestirse de blanco | ponerse un traje | echar arroz | tirar un ramo de flores | bailar | regalar algo de oro | ir a la iglesia | brindar | ir de bares | soplar las velas | romper una piñata | repartir regalos a los invitados | llevar algo viejo, prestado y azul

- En un bautizo es costumbre echar arroz.
- ¿Tú crees? A mí me parece que eso se suele hacer en una boda.

c. ¿Has asistido recientemente a algunas de las fiestas de arriba?
Toma notas en tu cuaderno y comenta tu experiencia con un/a compañero/-a. Después se decide entre todos/-as cuál ha sido la fiesta más original, tradicional, emocionante…

fiesta	de quién	invitados	ambiente / comida	un recuerdo especial

acciones habituales

Normalmente…
Se suele / Es costumbre / Es usual + infinitivo

3 a. Lee las invitaciones para una fiesta muy popular en Latinoamérica. ¿Cuál es?
¿Existe alguna parecida en tu país? ¿Cómo te imaginas el ambiente en cada una?

Lucila

Motivo: Mis 15 años
Lo importante: Tu presencia
Día: 8 de mayo
Hora: 21
Lugar: Salón Villa Blanca
Un deseo: ¡Que te diviertas!

Espero compartir esa noche contigo.

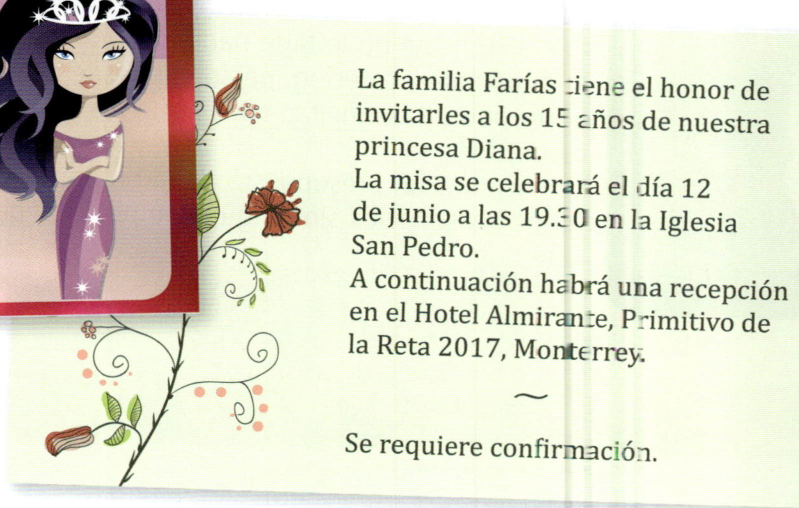
La familia Farías tiene el honor de invitarles a los 15 años de nuestra princesa Diana.
La misa se celebrará el día 12 de junio a las 19.30 en la Iglesia San Pedro.
A continuación habrá una recepción en el Hotel Almirante, Primitivo de la Reta 2017, Monterrey.

~

Se requiere confirmación.

b. ¿Qué hace en tu país una chica cuando cumple 15 años?
Comenta estas opciones con tus compañeros/-as. Puedes añadir otras.
Luego lee el texto y compara. ¿Hay sorpresas?

- invitar a sus amigos/-as a una discoteca
- ponerse sus primeros zapatos de tacón
- enviar invitaciones en papel
- organizar una fiesta temática en casa
- pasar horas en la peluquería
- bailar el vals con su padre
- vestirse como una princesa
- contratar a un fotógrafo
- beber alcohol
- nada especial

Un día inolvidable

Andrea, en su habitación, vuelve a mirarse en el espejo para controlar su peinado y su maquillaje. Los primeros invitados están llegando, pero ella va a esperar media hora más para hacer su entrada en el salón cuando ya estén todos los invitados.

"Los quince" es una de las celebraciones por excelencia de los países latinoamericanos. Algunos dicen que tiene su origen en los ritos aztecas o mayas para marcar el paso de niña a mujer, mientras que otros ven en ella una adaptación del tradicional baile de debutantes europeo.

Como la mayoría de sus amigas, Andrea sueña con vestirse de princesa, bailar el primer vals con su padre y tomar la primera copa de champán, aunque cada vez hay más chicas que prefieren sustituir la fiesta por un viaje o incluso una operación de cirugía estética.

"Estoy soñando con este día desde hace años", explica Andrea. "Nunca pensé en elegir el viaje. Seguro que tendré la posibilidad de viajar, quizá cuando termine mis estudios."

Cuando se decide hacer la fiesta, los preparativos son enormes: catering y decoración del salón, vestidos de marca, shows en vivo, videoclips hechos por profesionales, regalitos para los invitados y otros "accesorios".

"Todo es poco para la niña", comentan sus padres. Finalmente han gastado más dinero del que pensaban y aunque tengan que renunciar a cambiar de coche este año, están contentos. La fiesta ha sido la ilusión de la familia durante todo un año. Los preparativos empezaron cuando Andrea cumplió catorce. "¿Y mañana?", les preguntamos a los padres. "Cuando terminen los quince de Andrea, tenemos que empezar a pensar en Mabel, que ya tiene trece. Mientras nos lo podamos permitir, le haremos también una fiesta inolvidable."

c. En dos grupos. Cada grupo prepara cinco preguntas sobre el texto, que el otro tiene que contestar.

d. En parejas, comentad estas preguntas.

¿Te gustaría celebrar una fiesta así para tu hija?
¿Preferirías regalarle un viaje? ¿Qué otro regalo le harías?
¿Te parece bien regalar una operación de cirugía estética a esa edad?
¿Para qué fiesta has gastado o gastarías más dinero?
¿Pedirías un crédito para poder pagar una fiesta o un regalo a tus hijos?

✎ 1–4

valorar

Me parece una buena idea.
Lo encuentro exagerado.
Diría que es…

4 a. ¿Correcto o falso? ¿Cuáles de estas informaciones corresponden al texto?

1. En Latinoamérica, *cuando una chica cumple 15 años*, se celebra una gran fiesta.
2. *Cuando la hermana de Andrea cumpla 15 años*, tendrá también su fiesta.
3. *Aunque la fiesta cuesta muchísimo dinero*, casi todas las familias la celebran.
4. *Aunque tengan que pedir un crédito*, los padres de Andrea harán la fiesta.
5. *Mientras el regalo no sea una operación*, los padres aceptarán todos sus deseos.
6. *Mientras Andrea se está preparando*, los padres reciben a los primeros invitados.

b. Marca en las partes *en cursiva* con dos colores diferentes los verbos en indicativo y en subjuntivo. ¿En cuáles se da esta información? ¿Qué forma verbal tiene?

- ☐ La hermana de Andrea todavía no ha cumplido 15 años.
- ☐ Los padres no saben si tienen que pedir un crédito para pagar la fiesta.
- ☐ Los padres no le regalarán una operación a Andrea.

c. Observa estas frases y su explicación, y completa el cuadro y la regla.

Aunque el vestido **cuesta** mucho, lo compro.
Sé que el vestido cuesta mucho, pero sin embargo lo voy a comprar.

Aunque el vestido **cueste** mucho, lo compraré.
No sé cuánto cuesta el vestido, pero quiero comprarlo a cualquier precio.

lo sabemos: con	....: con subjuntivo
Aunque me invitaron, no fui a la fiesta. Cuando salgo, me visto bien. Cuando cumplí los 15, hice una fiesta. Mientras bailo el vals con papá, todos nos están mirando.	Aunque me inviten, no iré a la fiesta. Cuando salga, me vestiré bien. Cuando cumpla 50, haré una fiesta. Mientras no baile el vals con papá, nadie empezará a bailar.

Para referirse a cosas pasadas, habituales o que sabemos con seguridad, se usa el .... después de **cuando, mientras** y **aunque**.
Para referirse al futuro o expresar algo que puede cumplirse o no, se usa el ....

✎ 5-9

5 a. Relaciona las partes de frases.

La fiesta empezará	cuando llegan los invitados.
La fiesta empieza	cuando lleguen los invitados.
La familia hace la fiesta	aunque no tiene dinero.
Hará también una fiesta para la hermana	aunque no tenga dinero.
Las chicas no beben alcohol	mientras sus padres no las vean.
Las chicas beben alcohol	mientras sus padres las ven.

b. Completa estas frases según tus ideas.

Cuando hago una fiesta…
Cuando me jubile…
Aunque sea difícil…
Mientras no tengamos hijos…
Aunque no me gustan las fiestas familiares…
Mientras preparo la cena…

De preparativos

6 a. Madre e hija preparando la fiesta de 15 años.
Lee las viñetas. ¿Cómo os imagináis la fiesta?

b. Cuando se deja tomar la decisión a otra persona, se usa el subjuntivo.
Mira otra vez la viñeta y completa el cuadro.

proponer / preguntar	dejar la decisión a otra persona
¿Qué hotel reservamos?	El que ....
¿Cuándo mandamos las invitaciones?	....
¿Enviamos tarjetas o e-mails?	Como ....
¿Dónde compramos el vestido?	Donde ....

c. En parejas. Una fiesta en su casa.
Imaginad que queréis organizar una fiesta para dar la bienvenida a un amigo hispanohablante. Proponed actividades y contestad dejando la decisión al otro.

hacer la fiesta el sábado o el domingo | invitar a la familia o a amigos | comer en casa o en el jardín | preparar un menú o un bufé | cocinar o buscar un *catering* | decorar el salón con velas o con globos y guirnaldas | escuchar música en inglés o en español | servir salchichas o tortilla

7 a. La madre y la hija de la viñeta de arriba tienen gustos diferentes.
¿Cuáles de estos aspectos le gustarán a la madre y cuáles a la hija?

la ropa elegante
las botas cómodas
los zapatos con tacones
los vaqueros con agujeros
las uñas pintadas
los tatuajes
los labios pintados de rojo
los piercings
el pelo largo y liso
el pelo lila y verde
los ojos pintados de negro
la ropa de cuero

b. Y a ti, ¿qué te gusta? Puntúa de 0 (menos) a 5 (más) los ejemplos de arriba.
Luego comparad los resultados en parejas.

✎ 10

La belleza, ¿es subjetiva?

8 **a. Mira las fotos y describe a las personas. ¿Te parecen bellas? ¿Por qué?**

b. Escucha a cuatro personas y relaciónalas con las fotos. ⏭ 30 – 33
Luego escucha otra vez y toma notas de sus conceptos de belleza.

9 **a. ¿Qué es la belleza?**
Haced una lectura muy rápida de los textos de abajo. ¿Quién encuentra primero el título adecuado para cada uno?

La belleza, un fenómeno universal | **La belleza, una convención social**

b. En parejas, cada uno/-a lee uno de los textos y subraya la información principal. Luego cierra el libro y resume su texto a su compañero/-a.

¿Recuerdas?

Para describir el aspecto físico se usa el artículo:

Tiene
- **la** nariz larga.
- **la** piel blanca.
- **los** ojos azules.
- **la** cara redonda.
- **el** cuerpo musculoso.

resumir un texto

Se trata de un artículo…
El texto habla sobre…
El autor dice que…
En su opinión…
Según algunos expertos…
Finalmente…

¿Es la belleza algo material o espiritual?¿Es posible medirla? ¿Para qué? ¿Es más bella la piel negra o la blanca? ¿Qué es más bello, el pelo rubio o negro? ¿Un calvo no es bello? ¿Los pies pequeños de una mujer china son más bellos que un número 40? ¿Son bellos los tatuajes? ¿Y por qué ahora se perforan narices, labios y ombligos con aros de metal? Conclusión: la belleza es relativa, es totalmente social, cultural e histórica.
En un mundo dominado por la ganancia económica, también la belleza ha pasado a ser un artículo más de consumo, una mercancía. Tradicionalmente es un producto de consumo femenino, aunque hoy en día existe una creciente preocupación por la "belleza" física por parte de los hombres. Sin embargo, la belleza sigue siendo un atributo de las mujeres, que están consideradas como objeto, correspondiendo al cliché de "tonta bonita". *Adaptado de Marcelo Colussi*

Durante mucho tiempo, los científicos pensaron que la expresión mímica de las emociones se aprendía culturalmente. Pero en los últimos años han descubierto que la forma de expresar las emociones es innata e universal. Y hace poco tiempo ha pasado

c. ¿Cuál de los textos te convence más? ¿Por qué?

10 a. Argumentar y contrastar. Observa y completa las frases del cuadro.

el uso de **pero** y **sino**
No llevo tatuajes, ... me gustan. Mi hermano es muy guapo, ... un poco arrogante. María no es joven, ... todavía es muy atractiva.
Mi hija no se pinta los labios, ... los ojos. Nuestro concepto de belleza no es cultural, ... universal.

Para introducir un contraste o una restricción se usa **pero**. Para corregir una información y sustituirla por otra se usa **sino**.

b. Temas de discusión.
Marca si estás de acuerdo o no con las siguientes opiniones y escribe tus razones. Después, por turnos, cada persona da su opinión.

opinión	+	–	¿Por qué?
Las personas atractivas son más felices, tanto hombres como mujeres.			
Las personas guapas lo tienen más difícil porque se piensa que han llegado donde están por su aspecto.			
Las personas que se preocupan mucho por su aspecto físico son superficiales.			
Nuestro modelo de belleza nos es impuesto por poderosas empresas que ganan su dinero con eso.			
Es una tontería intentar mantener el aspecto juvenil. Las arrugas hacen una cara interesante.			
La belleza física no es espejo de la belleza del alma.			

acuerdo y desacuerdo
Soy de la misma opinión. Estoy de acuerdo contigo. Pienso lo mismo.
No soy de esa opinión. No estoy de acuerdo. Para nada. En absoluto.

✎ 11 - 14

algo parecido con la percepción de la belleza. Nuestro concepto de belleza no depende tanto de las convenciones culturales, sino de la biología: nos gusta ver señales de salud y de fertilidad, que se expresan en un pelo seductor, en una piel suave y sin imperfecciones, en la forma de reloj de arena de las mujeres y en un cuerpo musculoso de los hombres. No hay ninguna cultura que diga, por ejemplo, que la piel con muchas imperfecciones o el pelo débil sean atractivos. Existen señales universales de salud y además nos parecen atractivas las características que diferencian los hombres de las mujeres. Por ejemplo, si en una cara o en un cuerpo femenino los rasgos típicos femeninos están acentuados (los ojos más grandes, la cintura más fina), lo encontramos más atractivo.

Adaptado de Eduardo Punset

Tarea final Organizamos una fiesta

Portfolio
Guarda el plan de la fiesta en tu dosier.

Tu clase quiere organizar una fiesta latina para los estudiantes de todos los cursos de español. Para recibir apoyo y dinero de la institución, tenéis que elaborar un plan detallado de lo que pensáis hacer y presentarlo a la directora.

1. En grupos de tres o cuatro. Cada grupo hace una propuesta para la fiesta. Tenéis que
   - fijar la fecha y duración.
   - decidir y presentar el lugar donde se celebrará.
   - preparar una planificación detallada de la fiesta (decoración, comida, programa, música) y repartir las tareas.
   - calcular los costes.
   - escribir una invitación.
2. Cada grupo presenta su propuesta. Los otros la comentan y al final se elige la mejor.

PROYECTO: FIESTA LATINA

Fecha: ____________________
Lugar: ____________________

decoración:
Pensamos decorar la sala con...

comida:
Lo mejor sería un bufé con diferentes productos típicos de..., por ejemplo...
Contamos con la contribución de...

programa:
El curso de salsa podría ...
Para que el público participe, se puede repartir un cuestionario sobre el mundo hispano y ofrecer un premio (por ejemplo...) a la persona que gana.

música:
Contamos con la ayuda de la escuela para...
Queremos invitar a...

Amor imposible

Capítulo 7: Una visita ⏭ 34

Es increíble. Hoy no ha pasado nada. Tenemos el texto, tenemos la grabación completa con todos los actores, tenemos los efectos de sonido. Y cada día nos llegan más cartas y correos de oyentes que nos siguen. ¡Qué éxito!
¿Has escuchado el capítulo de hoy? ¿Qué te parece el nuevo personaje que aparece en el capítulo de hoy? ¿Te ha gustado el capítulo? A mí también me ha gustado este giro en la historia. Y el actor lo ha hecho de maravilla. Hemos tenido mucha suerte de encontrar actores tan buenos y dispuestos a trabajar por poco dinero. Así da gusto.
Por eso, ahora vamos a relajarnos y a tomar unos cafés. Pero buenos cafés, por eso hoy no los va a preparar Joaquín, sino tú. Aquí tienes la lista de los pedidos: Raúl quiere un cortado, Nuria ha pedido un café vienés, Joaquín pide uno solo y a mí me preparas un carajillo, por favor.
¿Recuerdas cómo se preparan estos cafés? Si no, mira en la primera unidad. ¿Tú qué tomas?

Muchas gracias por los cafés. Y ahora tengo una pregunta: ¿Qué piensas que va a pasar en el próximo capítulo de "Amor imposible"? Anótalo, por favor, y no olvides preparar, como siempre, el resumen de este capítulo.

Con sabor

El tomate

¿Recuerdas cuando aprendías los colores? Seguramente escribiste frases como "amarillo como el limón, rojo como el tomate". Rojo, sí, pero también amarillo, verde, incluso negro. Las variedades que más consumimos actualmente son las rojas, pero cuando el tomate llegó a Europa en el siglo XVI, se cultivaba como una planta decorativa y se apreciaban sobre todo las variedades amarillas. Por eso en italiano se llama *pomodoro*, que significa "manzana de oro".

■ *Haz una lista con todos los alimentos que recuerdas, clasificándolos por su color.*

Como la patata, que es de la misma familia, el tomate es originario de los Andes peruanos. Su nombre viene del náhuatl *xitomatl*, que significa "fruto con ombligo". Este nombre no solo lo caracteriza muy bien, sino que aclara un malententido: los tomates no son verduras, en realidad son frutas como las naranjas o las manzanas. Consideramos el tomate como una verdura porque generalmente lo consumimos en ensaladas o salsas, combinado con pasta, arroz o carne. Frotándolo en el pan y con un poquito de aceite se obtiene el delicioso "pan con tomate", ideal para acompañar, por ejemplo, un plato de jamón.

GAZPACHO

6 tomates maduros grandes
2 pimientos verdes, 1 pimiento rojo
1 pepino
1 cebolla grande
1 diente de ajo
2 rebanadas de pan del día anterior
sal, aceite de oliva, vinagre

- ☐ Poner todos los ingredientes en la batidora eléctrica, añadir un poco de agua y batir hasta conseguir una crema.
- ☐ Añadir aceite de oliva, vinagre, agua y sal a gusto.
- ☐ Primero pelar los tomates y quitar las semillas.
- ☐ Y consumir muy frío. ¡Buen provecho!
- ☐ En tercer lugar, cortar el pepino, la cebolla y el ajo.
- ☐ Por último, puede acompañarlo con unos trozos de pan frito.
- ☐ Cuando los ingredientes estén perfectamente mezclados, echar el líquido en un recipiente.
- ☐ Después cortar los pimientos y quitar las semillas también.

■ *¿Comes tomates con frecuencia? ¿En qué forma?*

Muchas personas suelen pedir un zumo de tomate cuando viajan en avión, aunque normalmente no lo tomen. Hace poco los científicos encontraron la explicación: en los aviones la presión atmosférica es más baja y en estas condiciones el zumo de tomate sabe más fresco.

■ *Una bebida con zumo de tomate es el Bloody Mary. ¿Sabes lo que es?*

El tomate está cada vez más valorado en una alimentación sana por sus vitaminas y una serie de sustancias importantes para el cuerpo como el licopeno, un colorante natural que da a los tomates su color rojo y ayuda a prevenir el cáncer. ¿Sabía usted que el licopeno no se destruye cuando se cocina el tomate? Al contrario, aumenta. Por eso el *ketchup* contiene más licopeno que el tomate natural.

Un plato típico del sur de España y muy popular en verano es el gazpacho.

■ *¿Puedes poner la receta en orden? La recompensa será un plato sano y refrescante para el verano.*

Comunicación

Fiestas y celebraciones

el bautizo	la despedida de soltero/-a	la jubilación
la comunión	la boda / el casamiento *(LA)*	el cumpleaños
la confirmación	las bodas de plata / de oro	el día del santo
la graduación	el aniversario de boda	la inauguración

Expresar duda

¿Tú crees?	¿De verdad?
¿Seguro?	¿En serio?
¿Estás seguro/-a?	

Expresar buenos deseos

en un cumpleaños: ¡Feliz cumpleaños!
¡Que cumplas muchos más!
en una boda: ¡Que seáis muy felices!
¡Que dure para siempre!
¡Os deseo lo mejor para vuestro futuro!
en un examen: ¡Enhorabuena!
en un bautizo: ¡Que crezca sano!
¡Que lo disfrutéis mucho!
siempre: ¡Felicidades!
¡Felicitaciones! *(LA)*

Expresar acciones habituales

Las fiestas de 15 años se suelen preparar con medio año de antelación.
En una boda es costumbre / usual echar arroz a los novios.
Normalmente, la novia lleva un vestido blanco.

Valorar

Me parece una buena idea.
Lo encuentro exagerado.
Diría que es muy original.

Dar su opinión

Soy de la misma opinión.	No soy de esa opinión.
Estoy de acuerdo contigo.	No estoy de acuerdo.
Pienso lo mismo.	Para nada. En absoluto.

Resumir un texto

Se trata de un artículo…	En su opinión…
El texto habla sobre…	Según algunos expertos…
El autor dice que…	Finalmente…

Dejar la decisión a otra persona

- ¿Qué hotel reservamos?
- ○ El que quieras.

- ¿Cuándo mandamos las invitaciones?
- ○ Cuando quieras.

- ¿Enviamos tarjetas o e-mails?
- ○ Como / Lo que quieras.

Gramática

El verbo vestirse

	vestirse
yo	me visto
tú	te vistes
él / ella / usted	se viste
nosotros/-as	nos vestimos
vosotros/-as	os vestís
ellos / ellas / ustedes	se visten

El verbo soler

	soler
yo	suelo
tú	sueles
él / ella / usted	suele
nosotros/-as	solemos
vosotros/-as	soléis
ellos / ellas / ustedes	suelen

Con **soler + infinitivo** hablamos de una acción habitual:
En mi familia **solemos festejar** el día del santo.

Conectores para contrastar o corregir una información

No llevo tatuajes, **pero** me gustan.
Mi hermana **no** es guapa, **pero** es muy inteligente.

Con **no... pero** negamos un enunciado y añadimos un aspecto aparentemente contradictorio a este elemento negado.

Mi hija **no** se pinta los labios, **sino** los ojos.
Nuestro concepto de belleza **no** es cultural, **sino** universal.

Con **no... sino** corregimos una información y la sustituimos por otra.

El indicativo y subjuntivo en frases con cuando, mientras, aunque

indicativo
Cuando las chicas **cumplen** 15 años, hacen una fiesta.
Mientras la chica **se prepara**, los padres reciben a los invitados.
Aunque el vestido **cuesta** mucho, lo compro.

subjuntivo
Cuando mi hija **cumpla** 15 años, hará una fiesta.
Mientras la chica **se prepare**, no conviene entrar en su habitación.
Aunque el vestido **cueste** mucho, lo compraré.

Con **cuando**, **mientras** y **aunque** se usa indicativo cuando se hace referencia a hechos habituales, en presente y en pasado, y conocidos. Se usa subjuntivo cuando nos referimos al futuro o a cosas no conocidas. Esto se aplica también en relación al imperativo:
No hables mientras comas.

Mundos en contacto

El corazón del Caribe

El secreto mejor guardado de Sudamérica

hablar del paisaje, clima, sociedad y cultura de un país • tomar notas de una conferencia • preparar una presentación sobre un país o una región • transmitir las palabras de otra persona

10

1 **a. Mira las fotos. ¿De dónde podrían ser?**
¿Qué palabras relacionas con cada una? Escribe cuatro palabras y compáralas con dos compañeros/-as.

b. Escucha tres textos publicitarios. ¿A qué foto se refiere cada uno? ⏭ 35 – 37
¿Con qué país o región relacionas estos grupos de palabras?

cordillera de los Andes, selva amazónica, lago Titicaca: ....

piedras milenarias, rías, bosques atlánticos: ....

isla, selva tropical, arquitectura colonial: ....

REVISTA AVENTURA
Gran concurso

Gana unas vacaciones de lujo para 2 personas. Haz realidad el viaje de tus sueños participando en nuestro concurso.

¿Conoces el mundo latinoamericano?

1 ¿Cuál es el país con mayor población de Latinoamérica?
- México
- Chile
- Perú

2 México limita al sur con…
- Estados Unidos
- Guatemala y Belice
- Honduras y El Salvador

3 ¿Por cuál de estos tres países **no** pasa el río Amazonas?
- Perú
- Colombia
- El Salvador

4 Atacama es el nombre de…
- un desierto
- un volcán
- una selva

5 Si quiere bañarse en una playa del Caribe, tiene que ir a…
- Chile
- Uruguay
- La República Dominicana

6 ¿En qué país de Latinoamérica es el inglés lengua oficial junto con el castellano?
- Cuba
- Puerto Rico
- La República Dominicana

7 ¿A qué altura sobre el nivel del mar se encuentra La Paz?
- A más de 3.000 m
- A unos 2.000 m
- Al nivel del mar

8 ¿Cómo se llama la montaña más alta en la cordillera de los Andes?
- Machu Picchu
- Aconcagua
- Iguazú

9 ¿Qué es el ceviche?
- Un baile
- Una comida
- Un animal salvaje

10 ¿Qué es Yucatán?
- Una península
- Una planta
- Un pueblo indígena

11 El merengue es un baile típico de…
- La República Dominicana
- Venezuela
- Guatemala

12 ¿Qué país tiene costa en el océano Atlántico?
- Chile
- Uruguay
- Colombia

Para participar visita la siguiente web: www.viajeaventura.com. ¡Hasta el 12 de noviembre

De aquí y de allá

2 a. Participa en el gran concurso para ganar un viaje.
Luego compara tus respuestas con las de dos compañeros/-as. Al final se comentan los resultados con toda la clase.

b. Un concurso sobre el mundo hispano.
La clase se divide en dos equipos. Cada uno busca informaciones sobre el mundo hispano y prepara 5 tarjetas con preguntas. Por turnos, cada equipo hace una pregunta al otro. Tenéis 30 segundos para responder.

El 3er productor de café en el mundo es
- ☐ *Guatemala*
- ☐ *Colombia*
- ☐ *Brasil*

Juan Mari Arzak es un
- ☐ *escritor chileno*
- ☐ *futbolista argentino*
- ☐ *cocinero vasco*

3 a. Datos básicos de un país.
Lee los datos y completa la ficha con las palabras que faltan. ¿A qué país de la primera página de la unidad crees que corresponden estos datos?

situación geográfica | superficie | número de habitantes | clima | forma de estado | idiomas | moneda | religión

DATOS BÁSICOS DE ....

- ....
  en el Mar Caribe
- ....
  Estado libre asociado
- ....
  9 104 km²
- ....
  4 615 500 (2011)
- ....
  católica (88 %), protestante, judía, musulmana
- ....
  español e inglés
- ....
  dólar estadounidense
- ....
  De tropical a subtropical lluvioso. El norte es lluvioso durante todo el año, el sur es más seco, con un clima tropical desértico. El centro es muy montañoso, húmedo y frío.

b. Describir un país o una región.
Busca en el test del mundo hispano y en la ficha anterior todas las palabras para describir un país o una región. ¿Puedes añadir más ejemplos en cada grupo?

paisaje	clima	religión	cultura
río	*tropical*	*católica*	*merengue*

4 ¿Qué es?
Cada persona piensa en un lugar (río, montaña, país, región…) y toma notas para describirlo. Luego lee la descripción a los otros, que dicen a qué se refiere.

- Es un pequeño país montañoso de Europa donde se hablan cuatro idiomas. Tiene un clima suave en el sur y mucha nieve en las montañas.
- ¿Suiza?

1–3

Lenguas en contacto

5 a. Un experto habla sobre las lenguas de Bolivia.
Antes de escuchar la conferencia, ¿crees que las siguientes afirmaciones son verdaderas o falsas?

1. Todos los bolivianos hablan español.
2. Las lenguas indígenas tienen influencia en el español de Bolivia.
3. Las lenguas indígenas solo se hablan en la familia.
4. Los indigenismos no se usan en la lengua escrita.

b. Escucha la conferencia del experto y comprueba tus hipótesis. 38–39
¿Puedes añadir algún detalle a estos aspectos que ha mencionado?

BOLIVIA, PAÍS PLURILINGÜE
- ....
- ....
- ....
- ....

INFLUENCIA DE LAS LENGUAS INDÍGENAS
- ....
- ....
- ....

OBJETIVOS DE LAS INSTITUCIONES EDUCATIVAS
- ....
- ....
- ....

c. Un resumen.
Con ayuda de las notas que has tomado escribe un breve resumen del contenido de la conferencia. Compara con un/a compañero/-a.

6 a. Introducción y despedida.
En la introducción y en la despedida de la conferencia aparece un nuevo tiempo verbal, el perfecto de subjuntivo. Subraya los ejemplos y completa el cuadro y la regla.

Me alegro mucho de que la Embajada boliviana me haya invitado a participar en esta jornada sobre las lenguas indígenas en Bolivia y su influencia en el español.

Muchísimas gracias por su atención. Espero que hayan disfrutado tanto como yo y que el tema les haya parecido interesante.

el perfecto de subjuntivo		.... +	....
El profesor se alegra de que Espera que	yo tú él / ella / usted nosotros/-as vosotros/-as ellos/-as / ustedes	haya hayas .... hayamos hayáis	llegado a la conferencia. aprendido algo nuevo.

El perfecto de subjuntivo se forma con el presente de subjuntivo del verbo .... y el ....
Se usa en los mismos casos que el presente de subjuntivo, pero para referirse al pasado.
Espero que me **inviten**.
Me alegro de que me **hayan invitado.**

b. Problemas en la conferencia. ¿Qué ha pasado?
¿Has vivido situaciones parecidas? Formula frases con el presente o perfecto de subjuntivo.

1. Llegas a la sala de conferencias. Encuentras la puerta cerrada y no hay nadie.
   Es posible que ....
2. Muchos asistentes no tienen sillas para sentarse.
   Quizás ....
3. Después de quince minutos el profesor Albó todavía no ha llegado.
   Tal vez ....
4. El profesor Albó empieza a hablar, pero no se oye nada.
   Es posible que ....
5. El proyector está encendido, pero no se ve la imagen.
   Probablemente ....

c. ¿Y tú? ¿Has tenido que hablar en público (examen, trabajo...)? ¿Qué tal?
En grupos de tres. Cuenta una situación en la que has tenido que presentar algo.
¿Te has puesto nervioso/-a porque algo no funcionaba?

4-6

7 a. Preparar una presentación.
Completa en tu cuaderno el mapa asociativo con las siguientes expresiones.
Puedes utilizar también otras que están en la lección. Luego compara con un/a compañero/-a.

primeramente | es decir | para terminar | en otras palabras | sin embargo | por esto | en resumen | en segundo lugar | mejor dicho | por último | en cambio | por ejemplo | en cuanto a | así que | finalmente | en consecuencia | además

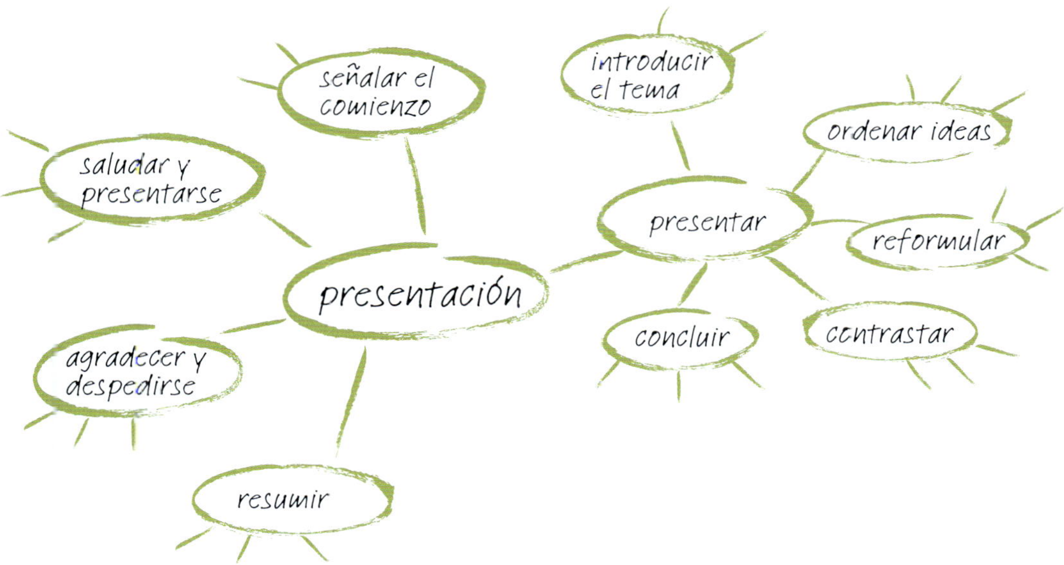

b. Una pequeña presentación.
Prepara una presentación de dos minutos sobre uno de estos temas. Haz primero una lista de tus ideas y prepara la estructura de la presentación. Al final unos/-as voluntarios/-as hacen su presentación a los demás compañeros.

tu ciudad | un libro o una película recomendable | tu trabajo | una alimentación sana

7

Perdón, ¿cómo has dicho?

8 a. ¿Has escuchado hablar del "spanglish"? ¿Te imaginas qué es y dónde se habla?
Lee la entrevista con Ilan Stavans, filólogo y catedrático de cultura latinoamericana, y marca la opción que mejor resume su punto de vista.

1. El spanglish es un peligro para el español puro.
2. El spanglish es un fenómeno oral.
3. El spanglish es una lengua viva y con mucho futuro.

Buenas tardes, señor Stavans.

Hallo, gringo ¿Cómo estás *you el día de today*?

Perdón, ¿cómo ha dicho?

Entiendo, necesita subtítulos, no se preocupe, *between, between and drink a chair*.

¿Qué?

Que entre y tome asiento. Verá, el spanglish es una mezcla entre el inglés y el español, un cruce de dos lenguas y dos culturas. El spanglish va más allá de la clase social, la raza, el grupo étnico y la edad. Lo hablan 40 millones de personas y el número de hablantes continuará creciendo.

¿Cuándo empezó a hablarse?

En 1848, cuando México vendió dos terceras partes de su territorio a Estados Unidos por 15 millones.

Sin embargo, otras lenguas extranjeras desaparecieron de Estados Unidos.

Sí, el alemán, el francés, el polaco, el ruso, el italiano o el yiddish han desaparecido a partir de la segunda generación de inmigrantes. En cambio, el castellano tiene muchísima presencia, hay más emisoras de radio en California que en toda Centroamérica.

¿Se escribe y se habla en spanglish?

Sí, el otro día en un diario puertorriqueño leí: "Una de las actividades favoritas de la región es el *jangueo en los malls*..."

Y ¿qué significa?

"Janguear", que viene del verbo inglés "to hang out", significa pasar el rato, divertirse. En su mayoría esas expresiones son adaptaciones literales del inglés, como "llamar pa'tras", que viene de "to call you back".

La Real Academia de la Lengua no debe estar muy contenta.

No, pero es absurdo. ¿Cuál es el español puro y legítimo? ¿El de Cervantes? Y ¿quién lo habla en la actualidad?

¿Qué piensa la sociedad estadounidense de este tema?

En algunos estados existe una ley "English Only", pero EE. UU. es un país bilingüe, esa es la realidad.

¿Usted cree que el spanglish tiene futuro?

Sí, llegará a ser un idioma porque es muy creativo, muy espontáneo, muy libre.

Adaptado de LA VANGUARDIA

b. ¿Existe algo parecido en tu idioma? *Pendrive, mail, meeting*... ¿Cuántas palabras inglesas has utilizado hoy?
En parejas, haced en dos minutos una lista de palabras extranjeras que soléis usar. ¿Tienen un equivalente en tu idioma? ¿Y en español? ¿Estarías de acuerdo con prohibir su uso en los medios de comunicación, por ejemplo?

9 a. ¿Qué dijo el profesor Stavans?

David escribe un correo electrónico a una compañera de clase contándole sobre una conferencia con el profesor Stavans. Lee el mensaje y corrige la información equivocada.

> Hola, Clara:
>
> ¿Cómo estás you al día de today? La semana pasada estuve en una conferencia del profesor Stavans, fue muy interesante. Stavans dijo que el spanglish era una mezcla. Explicó que había nacido en México y que ya lo hablaban unos 100 millones de personas y que aunque otras lenguas en Estados Unidos habían desaparecido, el spanglish continuaría creciendo. Stavans contó que él incluso había decidido usarlo en sus clases. ¡Qué tipo tan divertido!
> Bueno, tengo que irme.
>
> David

b. El estilo indirecto en pasado. Lee otra vez el correo y completa el cuadro y la regla.

Dice:	Dijo... / Decía...
"El spanglish es una mezcla."	que el spanglish .... una mezcla.
"Ha nacido en México."	que .... nacido en México.
"Otras lenguas han desaparecido."	que otras lenguas .... desaparecido.
"El spanglish continuará creciendo."	que el spanglish .... creciendo.

Cuando el verbo **decir** está en indefinido o imperfecto, cambian los tiempos:
presente → ....
perfecto →] ....
indefinido →
futuro → ....

"¿Estás mañana aquí?"
Ayer me preguntó si **hoy estaba allí**.

c. Comentarios después de la conferencia. ¿Qué dijeron?

Reformula en estilo indirecto las opiniones del público. Compara con tu compañero/-a.

1. **Estoy** de acuerdo con él. Nunca **ha existido** un idioma puro.
2. La conferencia **me ha parecido** muy interesante, porque en España **este** tema no lo **conocemos** bien.
3. **Aquí** (en España) **esto** no **existe**. **Mis** hijos no lo **aprenderán** en la escuela.
4. **Ayer habló** otro conferenciante sobre el mismo tema y **dijo** todo lo contrario.
5. Para **mí**, el spanglish **es** una moda que en unos años **desaparecerá**.

10 ¿Y tú qué opinas?

En dos grupos, exponed vuestras opiniones sobre estos temas. Una persona de cada grupo hace de secretario/-a: toma notas de los argumentos y los presenta en el pleno.

Todas las escuelas en nuestro país deberían ser bilingües.
Es imposible aprender bien una lengua extranjera si no se aprende desde la infancia.
El inglés debería ser la (segunda) lengua oficial en todos los países.
Aprender una lengua que no habla mucha gente es una pérdida de tiempo.

✎ 8-10

Portfolio
Guarda el esquema de tu presentación en tu dosier.

Tarea final De aquí venimos

Vais a participar en el congreso "Culturas en contacto" y tenéis que preparar una presentación de vuestro país o región.

1. En tres grupos. Tomad notas sobre los aspectos que vais a tratar: situación geográfica, paisaje, idioma, cultura, clima, folclore, gastronomía, etc.

2. Estructurad la presentación: preparad un saludo y una introducción, organizad la parte principal con los conectores necesarios y terminad dando las gracias.

3. Preparad una hoja con el esquema de los puntos que vais a tratar para repartir entre los asistentes.

4. Un/a voluntario/-a de cada grupo hace la presentación. La clase valora los siguientes aspectos con una puntuación del 1 al 5.

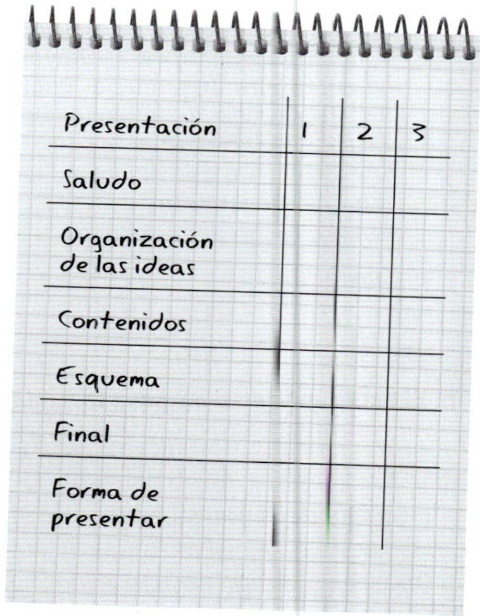

Amor imposible

Capítulo 8: Una canción 40

Hola, hola. Perdona este saludo tan breve. Es que hoy tenemos otra vez un poco de estrés. Como siempre, tenemos un pequeño problema. En este capítulo hay una canción muy importante, estamos convencidos de que va a ser un gran éxito, quizás la canción del verano. Pero una vez más Raúl y Nuria me han dejado dos versiones sobre la mesa y no sé cuál es la definitiva. ¡Me van a volver loca! Menos mal que estás tú aquí.

Por favor, escucha el capítulo y presta mucha atención a la canción. Después decide cuál es el texto correcto.

Además, no olvides escribir el resumen del capítulo, como siempre.

Hoy me he decidido
a seguir tu camino,
lo he dejado todo
para estar contigo.

No sé dónde estarás,
si te voy a encontrar,
si me puedes perdonar,
si un día volverás.

¿Es nuestro amor imposible?
¿O te encontraré?

Hoy me he decidido
sigo tu camino,
lo he dejado todo
por ti.

No sé dónde has ido,
si lograré encontrarte,
si perdonas,
si vuelves a mí.

Será algo muy importante,
será un amor imposible.

Con sabor

El jamón

Es imposible imaginar los bares españoles sin las tapas: pescadito frito, tortilla de patatas, gambas, queso manchego… Hay muchísimas, frías o calientes, simples o muy elaboradas. Pero se puede decir que la reina de las tapas es el jamón. Cortado en lonchas o en trozos, con unas rebanadas de pan con tomate y un buen vino o una cerveza muy fría… ¡Delicioso!

- *¿Te gustan las tapas? ¿Cuál es tu favorita? ¿Es una tapa fría o caliente?*

El jamón se obtiene de las patas traseras del cerdo, que se cubren con sal de modo que esta entra poco a poco en su interior. Es un proceso lento que se tiene que controlar bien. Los maestros jamoneros controlan la temperatura, la humedad del aire y, como con las botellas de vino en las bodegas, les dan la vuelta a las piezas de jamón para que la sal las cubra bien. Cuando termina este proceso, los jamones se "curan", esto significa que se dejan secar al aire sin añadir ningún producto químico.

el cerdo ibérico o "pata negra"

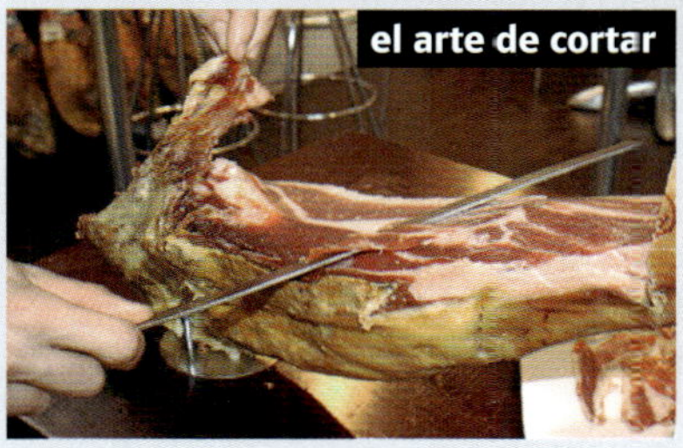

el arte de cortar

- *¿Conoces otros productos parecidos? ¿Cómo te gusta más el jamón: curado, cocido, ahumado?*

Pero no todos los jamones son iguales. La calidad del jamón varía según la raza de los cerdos y la alimentación que estos han recibido. En España existen principalmente dos tipos de jamón: el serrano y el ibérico.
El más conocido es el jamón serrano, que se hace de la raza de cerdos blancos de granja. "Serrano" viene de la palabra "sierra", que significa "montaña". Se trata de un jamón que ha sido curado en la montaña, donde el clima es frío y seco. Según el tiempo que dura este proceso, se distinguen tres categorías de calidad similares a las del vino: Bodega (de 9 a 12 meses), Reserva (de 12 a 15 meses) y Gran Reserva (más de 15 meses).

El jamón de calidad más alta es el llamado "jamón ibérico de bellota". "Ibérico" quiere decir que el cerdo es de raza ibérica, una variedad de cerdos propia de la península ibérica, que llegó allí con los colonizadores fenicios (hacia el siglo XI antes de Cristo) y se mezcló con los jabalíes salvajes. Para que un jamón se pueda denominar ibérico, los cerdos tienen que ser de esta raza o por lo menos el 50 %. Estos cerdos se mueven libremente por el campo y se alimentan sobre todo de bellotas. La región de Extremadura es la mayor productora de jamón ibérico, que se consigue en un largo proceso que puede durar hasta tres años. Es uno de los productos gastronómicos más exclusivos del mundo, lo que se nota también en su precio: un kilo de jamón ibérico auténtico de bellota cortado suele costar más de 100 euros.

- *¿Pagarías tú tanto por este producto exclusivo?*

Los puristas del jamón dicen que para conservar todo su sabor tiene que cortarse a mano y no a máquina. Y además, tiene que cortarse con un cuchillo especial, el cuchillo jamonero, que es muy largo, estrecho y flexible. Cortar bien el jamón exige mucha precisión y una técnica especial para que las lonchas sean finas y uniformes. ¡Buen provecho!

Comunicación

Describir un país

la superficie
la forma de estado
la población
la moneda
la(s) lengua(s) oficial(es)
la religión

Hablar de la situación geográfica

la montaña	la isla
la cordillera	la península
la selva	el mar
el bosque	la costa
el valle	el río
el desierto	la ría

Hablar del clima

un clima
- seco / húmedo
- lluvioso
- polar
- suave
- (sub)tropical
- mediterráneo

Empezar una presentación o conferencia

Buenas tardes, señoras y señores.
Bienvenidos a todas y todos.
Quería darles la bienvenida a…
Gracias por haberme invitado.
Muchas gracias por haber venido.
Me alegro de poder presentarles hoy…

Terminar una presentación o conferencia

Muchas gracias por su atención.
Les agradezco mucho su interés por este tema.
Ha sido un placer estar aquí.
Espero que la conferencia les haya gustado.
Espero que el tema haya despertado su interés.
Si quieren hacer preguntas, con mucho gusto.

Estructurar una presentación

primero / primeramente
en primer / segundo lugar
por último
en resumen
finalmente
para terminar

Hablar de causas

pues
ya que
esto se debe a…
en consecuencia
por esto
por lo tanto

Añadir aspectos

en cuanto a
respecto a
además
no solo…, sino que
hablando de…
por ejemplo

Reformular

en otras palabras
es decir
mejor dicho
o sea
eso significa

Contraponer

sin embargo
en cambio
pero
por otra parte

Gramática

El pretérito perfecto de subjuntivo

	haber + participio	
yo	haya	
tú	hayas	
él / ella / usted	haya	invitado
nosotros/-as	hayamos	disfrutado
vosotros/-as	hayáis	
ellos / ellas / ustedes	hayan	

El pretérito perfecto de subjuntivo se forma con el presente de subjuntivo del verbo **haber** y un participio. Su uso es el mismo que el presente de subjuntivo pero aplicado al pasado.
No creo que Pedro **llegue** a tiempo a la conferencia
No creo que **haya llegado** a tiempo.

presente
Espero que **tengas** un buen viaje.
Ojalá la conferencia **empiece** puntual.
Es posible que la conferencia **empiece** más tarde.

perfecto
Espero que **hayas tenido** un buen viaje.
Ojalá no **haya empezado** ya la conferencia.
Es posible que la conferencia todavía no **haya empezado.**

El estilo indirecto en pasado

Dice:
"El spanglish **es** una mezcla."
"**Ha nacido** en México."
"El spanglish **continuará** creciendo."

Dijo… / Decía…
que el spanglish **era** una mezcla.
que **había nacido** en México.
que el spanglish **continuaría** creciendo.

cambios de tiempo
presente → imperfecto
perfecto → pluscuamperfecto
futuro → condicional

Cuando el verbo introductor está en imperfecto o indefinido (**dijo**, **comentaba**, **preguntó**…) el tiempo de los verbos del estilo indirecto cambia: el presente se transforma en imperfecto, el perfecto en pluscuamperfecto y el futuro en condicional.
El imperfecto y el pluscuamperfecto del estilo directo se mantienen en el estilo indirecto, el indefinido puede mantenerse o sustituirse por el pluscuamperfecto.

Además, en el estilo indirecto hay que tener en cuenta las modificaciones ocasionadas por el cambio de perspectiva:

Pronombres de sujeto	"No lo hago **yo**."	Paco dice que no lo hace **él**.
Posesivos y demostrativos	"**Esta** es **mi** idea."	Dijo que **esa** era **su** idea.
Expresiones temporales	" ¿Vas **mañana** al cine?"	Me preguntó si iba **al día siguiente** al cine.
Expresiones de lugar	"El cine está **aquí** cerca."	Comentó que el cine estaba **allí** cerca.

Solidarios

hablar de la situación política • protestar • expresar obligación y necesidad • expresar rechazo • expresar condiciones más o menos probables • hacer comparaciones irreales

11

1 a. Observa las fotos. ¿Por qué motivos crees que las personas salen a la calle?

la inflación
el paro
la corrupción
el terrorismo
el maltrato de animales
la represión política
el precio de la vivienda
la discriminación
la destrucción del medio ambiente
la subida de impuestos
la contaminación
la violencia

b. ¿Has visto manifestaciones en tu país o ciudad? ¿Por qué o contra qué?
¿Has participado en alguna? ¿Cómo fue la experiencia? Coméntalo con tus compañeros/-as.

c. Escucha un reportaje. ¿Qué están reclamando los manifestantes? ⏭ 41
¿A cuál de las fotos crees que se refiere?

Si todos colaboráramos...

2 a. Estos logos pertenecen a diferentes organizaciones. ¿Qué actividades crees que realizan? ¿Existen asociaciones parecidas en tu país?

1 Asociación de Padres de Familia Separados apfs

2 STOP SOLEDAD Sociedad en construcción

3 ANAA Asociación Nacional Amigos de los Animales

4 Ayuda en Acción

5 Amigos de la Tierra

6 Sólo una raza, la raza humana. Movimiento contra la Intolerancia

b. ¿Qué asociaciones apoyan estas personas?
Lee los comentarios y relaciona.

☐ Es una pena que muchas personas mayores se encuentren solas. Nos comportamos como si no existieran y las encerramos en residencias. Yo acompaño a una señora de 82 años dos veces a la semana a pasear o a comprar y me hace muy feliz poder ayudarla.

☐ La naturaleza está en peligro por nuestros hábitos de producción y de consumo. Tenemos un país rico y si queremos conservarlo, tenemos que hacer algo pronto.

☐ Yo apoyo esta fundación porque creo que la educación es muy importante para los cambios sociales. Si todos los niños pudieran ir a la escuela, habría menos problemas en el mundo.

☐ Soy miembro de esta asociación para defender sus derechos. Ellos no lo pueden hacer solos. Hay gente que los trata como si fueran objetos o juguetes.

☐ El racismo está creciendo y cada día hay más violencia. Si todos colaboramos para luchar contra los prejuicios, este problema desaparecerá.

☐ Estoy divorciado y solo puedo ver a mi hija dos veces al mes. Mis padres, sus abuelos, tampoco tienen el derecho de verla. Si la ley fuera justa, un padre tendría los mismos derechos que una madre.

✎ 1-3

comprometerse

Apoyo...
Colaboro con...
Soy socio/-a de...
Soy miembro de...
Soy voluntario/-a en...

c. ¿Colaboras o has colaborado con alguna asociación?
¿O te gustaría colaborar con una de las de arriba? ¿En cuál? ¿Por qué?

3 a. ¿Real o no?

En los comentarios has visto una nueva forma verbal: el imperfecto de subjuntivo. ¿Expresa algo real o irreal? Observa estas frases y luego completa el cuadro con las formas que faltan.

"Tratan a los animales como si fueran objetos." (*pero no lo son*)
"Nos comportamos como si los mayores no existieran." (*pero existen*)

	-ar	-er/-ir	irregulares
yo	colabora**ra**	....	estar: estuviera, …
tú	colabora**ras**	existie**ras**	tener: tuviera, …
él / ella / usted	colabora**ra**	....	ser / ir: fuera, …
nosotros/-as	colaborá**ramos**	existié**ramos**	haber: hubiera, …
vosotros/-as	colabora**rais**	existie**rais**	poder: pudiera, …
ellos / ellas / ustedes	colabora**ran**	....	venir: viniera, …

Para formar el imperfecto de subjuntivo partimos de la 3ª persona del plural del indefinido:

indefinido	imp. de subj.
ellos colabora**ron**	colabora**ra**
ellos fue**ron**	fue**ra**, fue**ras**

b. Gimasia verbal y corporal.

Uno/-a empieza y representa una de estas actividades con mímica. Quien la identifique primero, y además lo diga correctamente como en el modelo, sigue con la representación de otra actividad.

- Estás haciendo como si tocaras la flauta.

tocar la flauta | abrir una botella de vino | tocar el clarinete | limpiar las ventanas | planchar | escribir en la pizarra | tocar el piano | hablar por teléfono | limpiar los zapatos | abrir una botella de champán | escribir en el ordenador | limpiar un espejo | …

c. ¿Cuáles de estas frases son más / menos probables?

Busca más ejemplos en los comentarios de la actividad 2b y completa la tabla.

	condición	consecuencia
más probable	Si todos **colaboramos**, Si .... Si	este problema **desaparecerá**. ....
menos probable	Si todos **colaboráramos**, Si .... Si	este problema **desaparecería**. ....

¿Recuerdas las formas?

el futuro:
yo ayudaré, tú ayudarás…

el condicional:
yo ayudaría, tú ayudarías…

d. Relaciona estas partes de frases. ¿Cuáles son más probables y cuáles menos?

No necesitaremos centrales nucleares	si usamos los transportes públicos.
La gente no abandonaría a los animales	si todos tuvieran derecho a una vivienda.
Menos gente viviría en la calle	si consumimos menos energía.
Habrá menos tráfico en las ciudades	si fuéramos más solidarios.
La gente mayor no estaría tan sola	si fuera más responsable.
Viviríamos todos en un mundo mejor	si la integráramos socialmente.

✎ 4, 5

4 **a. ¿Sería una gran ventaja o una pena?**
Lee estas frases y decide en cada caso si para ti sería una ventaja o una pena. Luego, en cadena, formulad vuestra opinión usando el imperfecto de subjuntivo.

No tenemos que pagar impuestos.
El gobierno decide crear "un domingo sin coches" por mes.
Nos alimentamos solo con productos biológicos.
Se prohíbe la publicidad en la televisión.
Se inventa una vacuna contra el sobrepeso.
Tu profesora deja el curso y vuelve a su país.
Tu escuela introduce un examen obligatorio al final del curso.

- Sería una gran ventaja si no tuviéramos que pagar impuestos.
- Sería una pena si se prohibiera…

b. Consecuencias absurdas.
En parejas, elegid uno de estos casos e imaginad algunas consecuencias. Después presentad vuestras ideas al grupo y elegid las tres más originales para cada caso.

Si las gallinas tuvieran dientes, …
Si la noche fuera día, …
Si los perros hablaran, …
Si la lluvia fuera de color, …

Un movimiento ciudadano

5 **Pancartas de una manifestación. ¿Qué reivindica la gente?**
Termina las frases utilizando los temas de las pancartas.

1. Quieren que todas las personas *tengan derecho a una vivienda.* ....
2. Esperan que las empresas ....
3. Prefieren que el sistema político ....
4. Piden que el gobierno ....
5. Exigen que los políticos ....
6. Desean que la gente ....
7. No les parece justo que ....
8. Reclaman que los trabajadores ....

✎ 6-9

¿Recuerdas?
Las expresiones de deseo, sentimiento y valoración exigen el subjuntivo.

6 **a. Antes de leer el siguiente texto, ¿cuáles de estas palabras crees que van a aparecer?**

manifestación | redes sociales | agresión | tienda de campaña | crema solar | plaza | huelga | sindicato | respeto | movimiento | reivindicar | pancarta | educación | policía | paro | eslogan

La protesta de los indignados

El 30 de marzo de 2011, el Sindicato de Estudiantes de España organiza una huelga en contra del paro, la inseguridad laboral, la reducción de las ayudas a la educación y el Plan Bolonia.

Animados por el libro *¡Indignaos!* de Stéphane Hessel, uno de los autores de la Declaración Universal de los Derechos Humanos, miles de personas salen a la calle el 15 de mayo para protestar contra el gobierno, la crisis inmobiliaria y el sistema político con eslóganes como *"Democracia real, ¡YA!"* Dos días después, gracias a la información a través de internet y las redes sociales, se concentran en la Puerta del Sol de Madrid más de 10.000 personas para apoyar la protesta contra la situación política, económica y social del país y para denunciar la corrupción de los políticos, los empresarios y los banqueros.

Lo que parecía una simple manifestación se convierte en la "Acampada de Sol" con miles de personas de todas las edades que se instalan en la plaza central de Madrid con pancartas como *"Yes we camp"* o *"Si no nos dejáis soñar, no os dejaremos dormir"*. Nace el Movimiento de Indignados 15-M.

A partir de ese momento empieza a haber "acampadas" en todas las ciudades del país, y muchas ciudades europeas se unen al movimiento con manifestaciones de protesta.

Durante semanas, miles de ciudadanos deciden quedarse a dormir y a convivir en las plazas de las ciudades y de los barrios. Esos días los mensajes del movimiento 15-M llegan a toda la clase política y a los medios de comunicación tanto nacionales como internacionales. A principios de junio se levantan los campamentos de las ciudades, pero el movimiento continúa su trabajo y promete que su protesta volverá a ocupar las calles.

TESTIMONIO DE UNA TURISTA:

Para mí fue una experiencia única, totalmente diferente de otras manifestaciones. Fue un placer enorme leer los carteles, todo lo que la gente escribe, que es también lo que yo pienso. También como turista tú podías andar por esos caminos muy pequeños entre tienda y tienda y podías entrar y preguntar. Todo el mundo se preocupaba por informarte y contestarte con paciencia. Estaban realmente agradecidos de que una persona que no está dentro del movimiento viniera y se interesara. Es algo que yo hasta ahora no había vivido nunca. ***Amalia Ramírez***

b. Un concurso de preguntas.

La clase se divide en dos grupos. Cada uno prepara cinco preguntas sobre el texto. Luego, por turnos, cada grupo hace una pregunta que el otro tiene que contestar.

expresar obligación
deberíamos tendríamos que habría que hace falta

✎ 10

7 a. En cadena. Los motivos de la protesta.
Con ayuda del texto anterior di por qué los "indignados" se han decidido por esta forma de protesta. Las expresiones del cuadro te ayudarán.

- A los indignados les indigna la crisis inmobiliaria.

expresar rechazo	
Les molesta/n Les indigna/n Les fastidia/n Les resulta/n incomprensible/s	las mentiras de los políticos. no encontrar vivienda. que los bancos tengan este poder. que no se haga nada contra el paro.

b. Piensa ahora en tu país y completa las siguientes frases.

Me indigna ....
No me parece justo ....
Todos deberíamos ....
Habría que ....

8 a. Lee cómo vivieron estas personas la acampada de la Puerta del Sol. ⏭ 42–44
Luego escucha una entrevista con cada una de ellas y di quién está hablando.

Claudia Castillo, 29 años Cuando salía de su trabajo, ayudaba en la organización de las reuniones en los barrios. También coordinaba los trabajos de limpieza y colaboraba en trabajos de comunicación y relaciones con la prensa.

Vicente Soler, 59 años El cocinero tuvo que cerrar su restaurante a causa de la crisis. Se dedicó a preparar y organizar la comida para la gente que estuvo en la Puerta del Sol durante las semanas de la acampada.

Amalia Ramírez, 41 años La fotógrafa argentina estaba de paso por el centro de Madrid. Se quedó impresionada del ambiente en la Puerta del Sol y aprovechó su visita para informarse en diferentes puestos y para sacar fotos.

b. Vuelve a escuchar a las personas y toma notas sobre estos aspectos.

	¿Qué motivos tenían?	¿Cómo fue la experiencia?
Claudia		
Vicente		
Amalia		

c. ¿Cuáles de estas afirmaciones corresponden a la información de las entrevistas?
Marca la información correcta y corrige la falsa.

1. Claudia Castillo tiene una carrera universitaria y no le parece normal que no encuentre trabajo.
2. No es justo que miles de jóvenes estén en la misma situación y no se haga nada.
3. Vicente Soler esperaba que le dieran un crédito para poder continuar con su restaurante, pero nadie quería ayudarle.
4. Para él era fundamental que la gente de la plaza pudiera comer.
5. Dos señoras madrileñas querían que la gente conociera su comida típica.
6. Por eso ellas prepararon una paella y no esperaban que les devolvieran las ollas.
7. En el lugar donde ofrecían protectores solares le pidieron a la fotógrafa que no sacara fotos.

d. Subraya en las frases anteriores con dos colores diferentes los verbos que están en presente y en imperfecto de subjuntivo.
¿Has notado cuándo se usa cada tiempo? Completa el cuadro con otros ejemplos.

presente	**Espera** que le **den** un crédito. ....
pasado	**Esperaba** que le **dieran** un crédito. ....

Cuando las expresiones que exigen el subjuntivo (**espero que**, etc.) están en imperfecto, indefinido o condicional, se usa el imperfecto de subjuntivo.

9 **a. Padres e hijos: los principios cambian con el tiempo.**
Completa las frases según tu experiencia.

Mis padres querían que yo ....
Para ellos era importante que ....
No aceptaban que ....
Me prohibieron ....
Esperaban que sus hijos ....

11, 12

b. En grupos de tres, comparad y comentad los resultados.

c. ¿Y tú? ¿Qué esperas de tus hijos o de los jóvenes de hoy?
¿Es parecido o muy diferente de las expectativas de tus padres? Coméntalo con el grupo.

10 **Un futuro con esperanza.**
Muchas mejoras se han logrado gracias a gente que se movilizó contra injusticias. Comenta con tus compañeros/-as qué reivindicaba la gente en esos movimientos y qué han conseguido hasta ahora.

pacifismo | feminismo | sindicalismo | movimiento por los derechos civiles | movimiento por los derechos de los homosexuales | movimiento ecologista

- Los pacifistas querían que… y hasta ahora han conseguido…

Tarea final Movimiento en mi país

Portfolio
Guarda las notas de la ponencia en tu dosier.

Hace poco tiempo que tu profesor/a de español vive en tu país, y quiere saber algo sobre los movimientos de protesta que ha habido en tu país o en tu ciudad.

1. Haced juntos en la pizarra una lista de las manifestaciones, campañas e iniciativas que recordéis. Pueden ser "grandes movimientos" o acciones locales, por ejemplo por la construcción de una carretera, el cierre de la piscina o biblioteca municipal, etc.

2. La clase se divide en grupos. Cada grupo se decide por un movimiento o una campaña y reúne la información con ayuda de la lista.

3. Cada grupo presenta la manifestación elegida a su profesor/a. ¡Atención! Es una presentación, no se trata simplemente de leer, sino de dar una pequeña ponencia basándose en las notas escritas.

UN MOVIMIENTO DE PROTESTA: ....

Motivo: ....

Lugar: ....

Fecha aproximada: ....

Eslóganes: ....

Participantes: ....

Actividades: ....

Duración: ....

Reacciones: ....

Resultado: ....

Amor imposible

Capítulo 9: Final 45

Una vez más, bienvenido/-a.
¡Hoy es un día muy especial! Hoy tenemos el último capítulo de "Amor imposible", el gran final.
Han sido días de mucho trabajo y estrés, pero ha valido la pena. Entre todos hemos conseguido que nuestro proyecto sea un gran éxito. Miles de oyentes han seguido nuestra radionovela, hay clubs de fans, la canción se ha convertido en un gran éxito, tal vez será la canción del verano.
Y ahora llegamos al final de esta emocionante historia.
¿Cómo piensas que va a terminar la historia?
¿Será un final feliz o será un final triste?
¿Qué te parece si lo escuchamos juntos?

Ya te imaginas que ahora tienes que escribir un pequeño resumen de lo que ha pasado. El último. Muchas gracias.
Lee ahora todos tus resúmenes seguidos. Has escrito una pequeña historia de amor.

Con esto terminan tus tareas como asistente en Radio Estrella. Mejor dicho, con esto terminan tus tareas como asistente sin sueldo, porque has hecho un trabajo tan bueno que queremos ofrecerte un contrato fijo en nuestra emisora. ¿Qué te parece? ¿Aceptas?
¡Bravo! Nos alegramos mucho.
Bienvenido/-a al equipo de Radio Estrella.
Y para celebrarlo, hoy toda la clase se va a tomar una copa con el/la profesor/a. ¿Qué os parece?

olivo milenario

olivar andaluz

Con sabor

El aceite de oliva

El cultivo de la oliva o aceituna tiene una larga tradición en el Mediterráneo. El principal país productor es España, seguido de Italia y Grecia. En la provincia de Jaén, en Andalucía, se encuentra la mayor concentración de olivos en el mundo. Por eso su capital se considera "la capital mundial del aceite de oliva". El poeta Miguel Hernández (1910 - 1942) dedicó un poema a los trabajadores de los campos para despertar su espíritu de lucha contra la explotación. Empieza así:

Andaluces de Jaén,
aceituneros altivos,
decidme en el alma: ¿quién,
quién levantó los olivos?

No los levantó la nada,
ni el dinero, ni el señor,
sino la tierra callada,
el trabajo y el sudor.

Los olivos son árboles que pueden vivir muchos años. El aceite de los que tienen más de mil años es muy valioso. ¿Sabes cuántos años tiene el olivo más antiguo del mundo? 2.000. Es un olivo que se encuentra en Lérida.
Las aceitunas se cosechan en otoño cuando están maduras. Después se prensan para extraer el aceite. El de mejor calidad es el aceite de oliva virgen extra que se obtiene de las mejores aceitunas sin ningún proceso químico.

■ *¿Conoces otros productos de los que se puede obtener aceite?*

En los últimos años se ha visto que la dieta mediterránea es muy buena para la salud. Se basa en una alimentación con verduras, legumbres, frutas, pescado y aceite de oliva. ¿Por qué es tan apreciado el aceite de oliva virgen?

- Es el aceite que más vitaminas tiene: A, D y E.
- Es fácil de digerir.
- Se obtiene sin procedimientos químicos.
- No causa colesterol.
- Su sabor es único.
- Puede calentarse a más de 180 grados y por eso es mejor para freír.
- Se puede utilizar varias veces para freír.

■ *De todas estas razones, ¿cuáles son más importantes para ti y cuáles no?*

Encontramos el aceite de oliva sobre todo en la cocina, pero tiene también otros usos, como jabones y cosméticos o incluso como remedio casero para dejar de fumar: cada mañana antes de desayunar hay que tomar cinco gotas de aceite de oliva virgen. Dicen que funciona. Y si no, por lo menos es muy sano.
La importancia del olivo en la cultura española se muestra en la gran cantidad de refranes que existen, por ejemplo: "Aceite y vino, bálsamo divino" o "El vino calienta, el aceite alimenta".

■ *¿Cocinas con aceite de oliva? ¿En qué platos o recetas lo usas?*

Comunicación

Estado y sociedad

la democracia	el estado	el partido
los derechos humanos	el presidente	el sindicato
la ley	el gobierno	la huelga
las elecciones	el parlamento	la manifestación

Problemas políticos y sociales

la inflación	la discriminación
la subida de precios	la corrupción
el paro	la violencia
la crisis (inmobiliaria)	el terrorismo

Comprometerse

Colaboro con una ONG.
Apoyo el movimiento de los indignados.
Soy socio/-a de los bomberos municipales.
Soy miembro de un sindicato / un partido político.
Soy voluntario/-a en una cooperativa.

Protestar

participar en una manifestación
estar en huelga (por / contra…)
exigir pensiones garantizadas
reclamar seguridad laboral
reivindicar mejores condiciones de trabajo

Hablar de condiciones y consecuencias

probable
Si todos colaboramos, este problema desaparecerá.
Si usamos los transportes públicos, habrá menos tráfico.

poco probable
Si todos colaboráramos, este problema desaparecería.
Si fuéramos más solidarios, el mundo sería mejor.

Gramática

El imperfecto de subjuntivo

	-ar	-er
yo	colabora**ra**	prometie**ra**
tú	colabora**ras**	prometie**ras**
él / ella / usted	colabora**ra**	prometie**ra**
nosotros/-as	colaborá**ramos**	prometié**ramos**
vosotros/-as	colabora**rais**	prometie**rais**
ellos / ellas / ustedes	colabora**ran**	prometie**ran**

	-ir	irregulares
yo	existie**ra**	estar: estuviera, estuvieras, …
tú	existie**ras**	tener: tuviera, tuvieras, …
él / ella / usted	existie**ra**	ser / ir: fuera, fueras, …
nosotros/-as	existié**ramos**	haber: hubiera, hubieras, …
vosotros/-as	existie**rais**	poder: pudiera, pudieras, …
ellos / ellas / ustedes	existie**ran**	venir: viniera, vinieras, …

La base para la formación del imperfecto del subjuntivo es la 3ª persona de plural del pretérito indefinido, eliminando la terminación **-ron** y añadiendo las terminaciones **-ra, -ras, -ra -ramos, -rais, -ran**: ellos colabora**ron** → yo colabora**ra**, …

El uso del imperfecto de subjuntivo

	frase principal	frase subordinada
imperfecto:	**Querían**	que la gente **conociera** el cocido madrileño.
indefinido:	**Pidieron**	que les **devolvieran** las ollas.
condicional:	**Me gustaría**	que mucha gente **participara** en la manifestación.

Cuando las expresiones que rigen subjuntivo van en imperfecto, indefinido o condicional en la oración con **que** usamos imperfecto de subjuntivo.

Oraciones condicionales con si

condición	consecuencia
Si este libro no te gusta,	lo puedes cambiar.
Si todos colaboramos,	este problema desaparecerá.
Si fuéramos más solidarios,	el mundo sería mejor.

Cuando una condición se presenta como un hecho poco probable o imposible la oración introducida por **si** lleva imperfecto de subjuntivo y la oración principal condicional.

Atención: La oración con **si** no puede ir nunca en futuro o condicional:
Si mañana ~~**lloverá**~~ **llueve**, no vamos / iremos a la playa.
Si mañana ~~**llovería**~~ **lloviera**, no iríamos a la playa.

Comparaciones irreales

Hay gente que trata a los animales **como si fueran** objetos.
Nos comportamos **como si** las personas mayores **no existieran**.

Las comparaciones irreales con **como si** van siempre con imperfecto de subjuntivo.

Mirador

Hablamos de cultura: celebraciones

1 **a. ¿Qué opinas tú? Marca una alternativa y coméntalo con un/a compañero/-a.**

1. Bautizar a un niño me parece…
   - ☐ importante, no solo por motivos religiosos: es una celebración para dar la bienvenida al bebé.
   - ☐ poco adecuado. Mejor que el niño mismo lo decida cuando tenga más edad.
2. Celebrar una boda…
   - ☐ es importante porque será un día inolvidable para toda la vida.
   - ☐ cuesta mucho dinero que estaría mejor empleado en algo más útil y duradero.
3. Regalar dinero a los novios cuando uno está invitado a una boda…
   - ☐ significa no tomarse el trabajo de buscar algo personal o elegir algo de la lista de boda.
   - ☐ es una buena idea. Así pueden comprar lo que quieran o gastarlo en un viaje.
4. Ir a comer, beber y charlar después de un entierro…
   - ☐ es una falta de respeto. Puede ofender a los que han perdido a una persona querida.
   - ☐ significa que se vuelve a la vida normal y así los familiares no se quedan solos.

b. Una boliviana recuerda el día de su boda. ¿Es parecido a una boda en tu país?

“ Me casé en La Paz con todo lo que hace falta en una boda: el traje blanco, el velo, el ramo de flores. Estaba muy nerviosa. Pero de otra forma no me lo podía imaginar. Toda la familia participó en la organización y tuvimos que hacer muchos compromisos: desde el número de invitados hasta el color de las invitaciones. Yo acepté el color “melón”, que odio, y mis padres renunciaron a invitar a la mitad de sus amigos, amigos de amigos… Al final había “solo” 150 invitados. Mi marido, que es inglés, estaba un poco perdido entre tanta gente y no dejaba de preguntarme quiénes eran las personas que nos saludaban. Yo solo podía responder que yo tampoco las conocía. “Será un día para recordar toda la vida”, me decía mi madre, y así fue: ¡Cuando entré en la iglesia no había nadie! Normalmente en la invitación se pone el comienzo de la ceremonia media hora antes para que la gente llegue a tiempo, pero ni siquiera eso sirvió. Después, me acuerdo de poco. Lo que sí recuerdo es el cansancio cuando por fin nos fuimos al hotel, mientras los invitados se quedaban bailando hasta la madrugada. Al día siguiente nos fuimos de luna de miel y cuando volvimos aún tuvimos tiempo de abrir los regalos y decidir qué íbamos a hacer con los cinco cuchillos para pasteles que nos habían regalado. ”

c. ¿Puedes contar cómo fue o cómo te imaginas tu propia boda (o por qué no tienes interés en casarte)?

hablar de aspectos culturales • autoevaluación • terapia de errores • estrategias de aprendizaje • un texto literario que da que hablar

12

Ahora ya sabemos...

En esta página tienes de nuevo la posibilidad de poner a prueba y valorar tus conocimientos.
Haz las tareas y luego marca el nivel que crees tener en cada tema.

2 Hablar con alguien para solucionar un problema.

En grupos de tres. Un policía os quiere poner una multa por haber aparcado mal el coche.
Elegid uno de estos roles (A, B o C) e intentad convencer al policía de que no os ponga la multa.

A: Tú eres el policía. Tienes mucha experiencia con todo tipo de excusas, pero eres tolerante ante explicaciones razonables. Hay una señal de prohibido aparcar.
B: Eres el conductor. No has visto la señal que está detrás de un árbol. Querías aparcar unos minutos para comprar algo en la farmacia de enfrente.
C: Eres un amigo del conductor, ibas con él en el coche y lo esperabas en la calle. Has visto la señal.

!
En las lecciones anteriores habéis visto cómo se puede
- protestar y expresar rechazo
- dejar la decisión a otros
- dar su opinión
- hablar de condiciones y consecuencias

Podéis consultar las páginas de resumen (86, 96, 106) para recordar las expresiones útiles antes de empezar la discusión.

3 Hacer un pequeño discurso (formal) delante de un público.

Tienes que dar un discurso (3 minutos) en una de estas ocasiones. Puedes consultar tus notas, pero no leerlas.

- Una delegación de españoles viene a tu universidad o academia. Dales la bienvenida.
- Tu curso de español termina y tu profesor/a deja la escuela. Da un discurso de agradecimiento.

!
Para prepararte conviene
- anotar los aspectos más interesantes de la institución donde estudias (situación, público, oferta…)
- repasar las fórmulas de saludo y despedida
- repasar las expresiones para organizar un discurso

4 Escuchar y comprender opiniones. ⏭ 46 – 47

Escucha las siguientes opiniones y di qué frase las resume mejor.

1. Las revistas femeninas transmiten una imagen de la mujer que no corresponde a la realidad. / Para aparecer en una revista de moda hay que ser muy guapa y delgada.
2. El político exige que todo el mundo aprenda inglés desde muy pequeño. / Según el político no podemos sobrevivir en un mundo globalizado sin hablar inglés.

5 Escribir una carta expresando tu opinión.

Has leído en el periódico esta noticia. Escribe una carta al director expresando tu opinión.

Fiestas de bótox

En los últimos tiempos se habla de un solo tema: las llamadas "botox-parties" en casas particulares como las que popularizó la marca "Tupperware". Pero en estos encuentros no se venden productos para la casa: las mujeres se juntan para recibir inyecciones de bótox. La "botox-party" es una respuesta a la necesidad de las mujeres por verse más jóvenes y bellas, algo imprescindible para tener éxito en el trabajo y la vida personal.

Terapia de errores

6 a. Terapia de errores orales.
En grupos de tres o cuatro. Una persona del grupo es el/la observador/a. Esta persona apuntará los errores que escucha. Los otros hablan tres minutos de sus planes para las próximas vacaciones. El/La observador/a puede consultar con el/la docente los errores si no está seguro/-a.

b. Comentad en el grupo los errores apuntados y buscad entre todos soluciones para evitarlos.

Zona estratégica: me faltan las palabras

7 a. Me faltan las palabras para decir lo que quiero...
Incluso cuando hablamos en nuestra lengua materna nos pasa que no conocemos o no se nos ocurre en ese momento una determinada palabra. En este método habéis practicado ya varias estrategias para estas situaciones, por ejemplo, la estrategia de explicar la palabra desconocida con un sinónimo o un contrario, explicando su uso o describiéndola. Otra forma de rellenar esos huecos es utilizar las llamadas "palabras comodín". Aquí tienes varios ejemplos. ¿A qué se pueden referir las palabras en negrita?

Un cantante en un concierto: "Este **aparato** no funciona. Así no se puede cantar."
Un conductor de autobús a los viajeros: "¿Quién ha tirado esas **cosas** en el suelo? Eso aquí está prohibido."
Una madre a su hija: "No quiero ese **bicho** en casa. Deja el suelo lleno de pelos."
Un policía en una manifestación: "El **tipo** del pelo largo es el jefe de la organización."

b. ¿Cuáles son las palabras más utilizadas en tu lengua en estos casos? ¿Cuál usas más tú?

c. ... pero tengo más palabras de las que pienso.
No solo los sustantivos del ejercicio anterior son comodines, sino que también verbos como **hacer** o **poner** nos pueden ayudar cuando no sabemos una palabra. ¿Puedes sustituir el verbo **hacer** en estas frases por uno más preciso?

He hecho un cuadro de un paisaje de olivares.
Ayer **hice** el artículo que me pidieron para el periódico de la clase.
La tortilla que **hace** mi madre está buenísima.
Ayer **hicimos** unos veinte kilómetros. Fue la etapa más larga del Camino.
Esa lavadora **hace** mucho ruido.
Voy a **hacer** una fiesta en mi casa.
Mañana mi hijo **hace** 3 años.
En la película "Todo sobre mi madre" Penélope Cruz **hace** el papel de monja.
¿Me **has hecho** venir solo para decirme esto?

Un texto literario que da que hablar

8 a. Estamos llegando al final del libro y del curso de español y es hora de hablar del futuro.
Hablando del futuro, ¿piensas que se puede saber o predecir? ¿Crees en las predicciones o profecías? ¿Recuerdas alguna que (no) se confirmó? ¿Qué formas conoces para predecir algo? ¿Tienes experiencia con alguna de las siguientes? ¿Te parecen fiables o solo superstición?

el horóscopo | un péndulo | leer en los posos del café | leer la mano | fundir plomo | la constelación de las estrellas en la hora del nacimiento | consultar una bola de cristal

b. En el cuento "El profeta" del escritor uruguayo Mario Benedetti aparece una serie de verbos que tienen un significado parecido. ¿Cuál es? Completa la tabla.

pasar | hacer responsable | predecir

.... – anunciar – pronosticar – vaticinar
.... – ocurrir – suceder – acaecer
.... – reclamar – pedir cuentas

c. Lee el cuento y marca en qué párrafo se hace una profecía que se refiere a la naturaleza, a la sociedad, a una banalidad o a la geografía.

El profeta
Mario Benedetti, Despistes y franquezas (1989)

El profeta lo dijo en la plaza: "Dentro de veinte años el Señor descenderá nuevamente a la tierra. Y habrá justicia", pero los descreídos le gritaron: "Es muy cómodo **predecir** lo que va a **suceder** dentro de veinte años. ¿Quién va a **pedirte cuentas** si te equivocas?"

El profeta lo dijo en la plaza: "No bien comience el nuevo siglo, el sol se oscurecerá y habrá dos noches por jornada", pero los descreídos le gritaron: "Bah, es muy fácil **anunciar** lo que va a **ocurrir** el año 2001. ¿Quién va a **reclamarte** si te equivocas?"

El profeta lo dijo en la plaza: "Dentro de tres años la tierra se arrugará formando colinas y promontorios nuevos y en más de una llanura se abrirán cráteres", pero los descreídos le gritaron: "Es muy trivial **pronosticar** lo que va a **acaecer** dentro de tres años. Si tu profecía falla, ¿dónde te encontraremos para lapidarte?"

Entonces el profeta, sin perder la calma, dijo en la plaza: "Dentro de diez segundos os mostraré mi lengua", y antes de que algún descreído lo pusiera en duda, el profeta mostró su lengua innegable y probada, **vaticinada** y roja.

d. Profetas modernos. ¿Quién crees que se equivoca más (o menos) en sus profecías?
Ordena las siguientes profesiones según su capacidad de predecir algo y explica tu decisión.

un/a médico/-a | un político/-a | un/a periodista | un/a analista de mercado | un/a profesor/a de escuela

e. Hacemos profecías en el grupo.
Esta es la última actividad del libro. En parejas, haced una profecía para cada compañero/-a sobre su futuro con el español u otros aspectos.

SI QUIERES CONSOLIDAR TU NIVEL **B1**, TE RECOMENDAMOS:

GRAMÁTICAS

Gramática básica del estudiante de español

Cuadernos de gramática española B1

PREPARACIÓN PARA EL DELE

Las claves del nuevo DELE B1

LECTURAS GRADUADAS

García Márquez. Una realidad mágica

Dalí. El pintor de sueños

Taxi a Coyoacán

La vida es un tango

Los jóvenes argentinos